今まで誰も
教えてくれなかった

人前で話す極意

年間330講演 プロの講演家が語る
スピーチのコツ

炎の講演家！ 鴨頭嘉人

かも出版

はじめに

「**人生の質**はスピーチで決まる」

僕はそう思っています。なぜならば、私たちが抱えている悩みのほとんどが、〝**人間関係の悩み**〟だからです。人と人とが想いを伝え、その想いを共有するとき、私たちは〝**言葉**〟を使います。そしてその**想いの伝達**がうまくいくか、いかないかによって、私たちが日々過ごしているときの気分や充実感、さらにはビジネスの結果までもが決まります。

私たちの多くは、『自分の中にある**想いを上手く言葉にできない**』という悩みを抱えています。想いは湧き起こっているけれども、〝うまく言葉にできない〟というストレスを抱えると、自分の想いを相手に伝えることをためらってしまうことがあります。そして思い切って勇気を出して、言葉にして相手に伝えてみた時に、誤解や否定をされてしまった経験があると、途端に人に伝えることに対する恐怖を感じてしまい、想いを伝えることを諦めてしまうのではないでしょうか。

日本人の95%は、話すことに対して苦手意識を持っているというデータがあります。この苦手意識の根本は、「自分の想いを言葉にできない」という経験や、「自分の想いを言葉にして伝えてみたが、誤解や否定をされてしまった」という**過去の失敗**によるものだと思うのです。

だからこそ、「スピーチが変われば人生が変わる」そのことを多くの人に伝えたいと思い、僕はこの本を世に出すと決めました。スピーチの世界は、答えが1つでないという面があります。そして、頭でわかっていてもすぐに変わらないというもどかしい面もあります。大勢の人の前で行うことなので、なかなか勇気が出ないという心の面も大きく関係しています。1＋1＝2というような成功法則が成り立ち辛い面があり、「自分にはセンスがない」「スピーチは難しいから自分には無理」と諦めてしまっている人が数多くいます。でも僕は敢えて言いたい。

『スピーチは**技術**です。学べば**誰でも必ず変われます**』

僕が「講演家になる」と決めてから、実際に講演家になるまでの6年間、自ら体験したことを振り返ると、自信を持って言うことができます。講演家になってから、約2000名のスピーチに悩む人たちと向き合い、悩んでいる人たちが変わっていく姿を見たからこそ、自信を持って言うことができます。

『スピーチに**向き不向きなどない**！　学べば必ず変われる！』

多くの人がスピーチに対しての恐れや不安から解き放たれ、自分の想いを言葉にし、相手に受け取ってもらえる幸せな体験をしてもらうことが、この本に込められた願いです。

「**話す喜び**」を、是非手にしてもらいたいです。

目次

第1章 よくある話し方の9つの悩み

第2章 講演会でよく聞かれる13の質問

第3章 プロの講演家が語る！伝わる話し方の3つの極意

第1章
よくある話し方の9つの悩み

第1章
よくある話し方の9つの悩み

1-1 人前に立って話をすると緊張して手足が震えて、頭が真っ白になってしまいます。緊張しない秘訣はありますか？

◇緊張することは悪いこと??

そもそも、緊張することって、悪いことでしょうか？ 緊張することによって起こる身体の反応は、本当に自分に悪影響を与えているのでしょうか？

〝緊張する〟ということは、神経伝達物質のノルアドレナリンが分泌されて、交感神経が活発になり、心拍数や血圧や体温が上昇することを指します。そうすることで、例えば「手足が震える」などの身体反応が起きているんです。

運動している時など、活発に活動している時には、交感神経が優位になっています。それに対して副交感神経が優位になるのは、例えば「寝ているとき」など身体の動きが鈍くなっている時です。では、副交感神経に偏っている状態で活動したらどうなるでしょうか？

例えば、ボクシングの選手が、副交感神経に偏った状態で試合に臨んだらどうなるでしょうか。開始直後に一発ＫＯ。全然お話にならないですよね。１００メートル走の選手が副交感神経に偏った状態で走ったら、ヨタヨタしてしまって良いタイムが残せるわけがありません。

動物も同じです。動物たちが子どもたちを外敵から守る時は、確実にノルアドレナリンを大量に分泌させて、交感神経を際立って優位な状態にして、心拍数・血圧・体温を上げて子どもを守っています。そう、いわゆる〝**戦闘状態**〟に入って、子どもを守るために戦う準備を自然としているんです。

ノルアドレナリンを大量に分泌して、交感神経が活発になり、心拍数を上げ、血圧

1-1 人前に立って話をすると緊張して手足が震えて、頭が真っ白になってしまいます。緊張しない秘訣はありますか？

を上げて、体温を上げないと活動はできません。それが人間です。人前で話す前に緊張するということは、あなたの身体が自然と〝戦闘状態に入っている〟ということの表れなのです。

人前で話す時には大きなエネルギーが必要となります。一対一で話すときのエネルギーとは比較になりません。大勢の人の前で話す時には、コミュニケーションをする相手との物理的な距離も大きくなるし、多くの人にメッセージを届けるためには声にエネルギーを込める必要もあるからです。副交感神経が優位な状態で、このエネルギー量を出すことができるでしょうか。睡眠状態のエネルギーでは、たくさんの人にメッセージを届けることはできません。

つまり人前で話す前に緊張するということは、あなたの身体が自然と人前で話すための〝準備〟をしてくれているということなんです。緊張しないと、あなたは人前で話すことはできません。人前で話すときには「**緊張しなければいけない**」ということを、知識として知っておきましょう。

◇緊張と付き合う

するとどうでしょうか。手足が震えた時、今までだったら、

「あぁ、緊張してきた。ヤバイヤバイ。抑えなきゃ」

って思っていませんでしたか。これからは違います。

「おっ、来たぞ！ 上がってきたぞ、心拍数！」

と受け取ることができます。口が乾いてきたということは、かなり交感神経が高まっているということなんです。

「よし、調子が上がってきた！ ちょっと水分で口を湿らせていくぞ！」

と捉えることができます。声が震えるということは、〝興奮している〟ということですよね。興奮してるいうのは、〝戦闘態勢〟に入っているということ。エネルギーがどんどん上がっているんです。話し手が興奮しているスピーチ、ワクワクしませんか？

こんな風に**捉え方を変えていく**ことによって、「緊張をなくす」のではなく、「**緊張**

1-1 人前に立って話をすると緊張して手足が震えて、頭が真っ白になってしまいます。緊張しない秘訣はありますか？

と上手く付き合う」ことが可能になります。

元テニスプレイヤーで現在タレントやスポーツキャスター、日本テニス協会の理事を務めるなど、幅広い活躍をしている松岡修造さんはこんな事を言っています。

『緊張するのは、自分自身が本気になっている証拠です。僕自身、テレビ番組や講演会など、人前で話す時はかなり緊張します。手が氷のように冷たくなります。心臓の鼓動が聞こえる時もあります。でも、緊張している状態は嫌いではありません。身体的には良い状態だからです。

「この想いをしっかり伝えたい！　この試合では絶対勝ちたい！」

そんな気持ちが強いときに緊張します。その想いがなんとなく中途半端だったら、緊張しないはずです。緊張しているということは、それだけ自分自身の心と身体が本気になっている証です。

「緊張してきた。どうしよう」ではなく、「よっしゃー！　緊張してきたぞ！」と自分を応援して、喜んじゃいましょう！』

松岡修造さんでも、人前で話す時に手が氷のように冷たくなることがあるんです。心臓の鼓動が聞こえてくるくらいドキドキすることがあるんです。でも、その後の捉え方が、多くの人と違うのかもしれません。松岡修造さんは「まずい。どうしよう」とは思わないんです。「よっしゃー！ 緊張してきた！ 俺の想いは本物だ！ 心も身体も本気になった！ いくぞ！」って思っているんです。**緊張は悪いものではありません**。緊張と上手く付き合っていきましょう。

◇プロの話し手は「わざと」緊張する!?

僕は講演をする時、努力して緊張するようにしています。プロの講演家にとって一番恐ろしいことは、「**緊張できなくなること**」なんです。なので、緊張感を高めて確実に戦闘状態に入るために、いろいろなことをしています。

例えば、受付の側に立って会場に来てくださる方に挨拶をして会話をします。

1-1 人前に立って話をすると緊張して手足が震えて、頭が真っ白になってしまいます。緊張しない秘訣はありますか？

「今日の講演会を、半年前から楽しみにしていました！」

「鴨頭さんに会いたくて、（東京の会場だけど）沖縄から飛んで来ちゃいました！」

「いろんな困難があったけど、必死の思いでここにたどり着いたんです」

色んな話を聞くと緊張してきます。

「うわ〜！　そんな想いで来てくださったんだ。全力、尽くします!!」

決意が固まり、全開のエネルギーで話せるようになるんです。緊張状態というのは、人前で話すための準備であり、必要不可欠なものなんです。


そして緊張状態こそが、最大のパフォーマンスを引き出すということを、脳の研究、身体の研究をし尽くしているアスリートが証明してくれています。例えば、水泳の北島康介選手。彼は今までオリンピックで金メダルを4回取っていますが、その4回全てが自己新記録。つまり、練習の時に一度も出したことのないタイムでオリンピックという大舞台を制しているのです。なぜでしょうか。それは、

「**本番は緊張するから**」。

特に4年に一度のオリンピックの決勝の舞台ともなると、身体の状態が普段では考えられないくらい異常な状態になります。そして、緊張した分だけパフォーマンスが跳ね上がり、4回の金メダル獲得という偉業を成し遂げることができたんです。

緊張最高です！　緊張、カモーンです！

けれども、ひとつ気をつけなければいけないことがあります。それは「過度な緊張」です。過度な緊張によって、ガクガクという言葉がぴったりというくらいに手足の震えが大きくなったり、話すことに支障が出るくらい口が乾いたり、頭の中が真っ白になってしまいます。

◇不安や恐れに負けない強さは、あなたの「準備レベル」が創り出す

先に述べたように、人前で話す時に緊張するということは、悪いことではありません。むしろ、緊張をエネルギーに変えられるような自分作りを心がけましょう。そして、「**話すことはプレゼント**」というマインドで話をする。つまり、「意識の矢印を自分に向けるのではなく、**相手に矢印を向ける**」ということが必要です。

けれども、緊張を悪者扱いして、あたかも「病気にかかる」かのように避けようとすると、過度な緊張をしてしまうんです。度を越えて緊張すると、人は恐怖を感じてしまいます。すると、頭が真っ白になったり、喋るのに支障が出るくらいに口が乾いたり、手や足が異常に震えたりして、せっかく相手に向けた意識の矢印を自分に向けざるを得なくなってしまいます。

話す前の段階では、「緊張は悪いものではない」と思っていて、「矢印を自分ではなく相手に向けよう」と思っていたとしても、どうしても矢印が自分に向いてしまうということが、現実には起きてしまうんです。

過度な緊張を感じないようにするために必要なことがあります。恐怖を感じない、感じたとしてもそれに負けないようにするために大切なことは〝**準備**〟です。中途半端な準備をしていると、不安や恐れに負けてしまいます。〝しっかりとした〟準備をしましょう。しっかりとした準備とは、決して質ではなく、量でもなく、「今の自分にできることをやりきった」という実感を持てるような準備レベルのことを指します。どうか本番までに、「今の自分ができることをやりきった」という実感を持てるような準備をして、本番に臨んで欲しいのです。

準備とは、クオリティの高いコンテンツを届けるために必要なことであり、「聞き手のためにする」という意味ももちろんあります。しかしそれ以上に、過度な緊張感に襲われないように、本番で不安を感じないように「自分のためにしておくべきだ」ということが大切な要素なのです。

例えば、オリンピックのメダリストたちは想像を絶するような緊張を抱えて、本番を迎えます。国の期待を背負って、４年間の集大成を発揮するのがオリンピックの舞台です。１００メートル走であれば、フライングをしたらやり直しではなく、失格。４年間の自分の努力とコーチや周りの人たちからの支え、そして国を挙げての応援を、ほんの一瞬のスタートでのフライングでふいにしてしまう。大きな恐怖感とそこから来る緊張感を乗り越えるために、アスリートたちは普段、過酷なトレーニングを繰り返します。

自分を極限まで追い込み、「自分はやりきった！」という準備から来る自信が、大きなプレッシャーを乗り越えられるエネルギーとなるのです。

そしてもう一つ、大切な要素があります。それは、〝**ライブ感を楽しむ**〟ということです。今の自分ができる全力の準備をした上で、本番ではスピーチの原稿の2割が変わってしまうくらいの気持ちの余裕を持てることが理想です。「完璧な準備」と「2割の余白」という、一見矛盾して聞こえるバランスが、本番に臨む…いや、本番を楽しむ黄金のバランスです。

「緊張は悪いものではない」と自分に言い聞かせ、矢印を相手に向けながら、余白の2割を楽しんでみてください。

▶関連動画はこちら

https://youtu.be/gIDjE2-2yeM

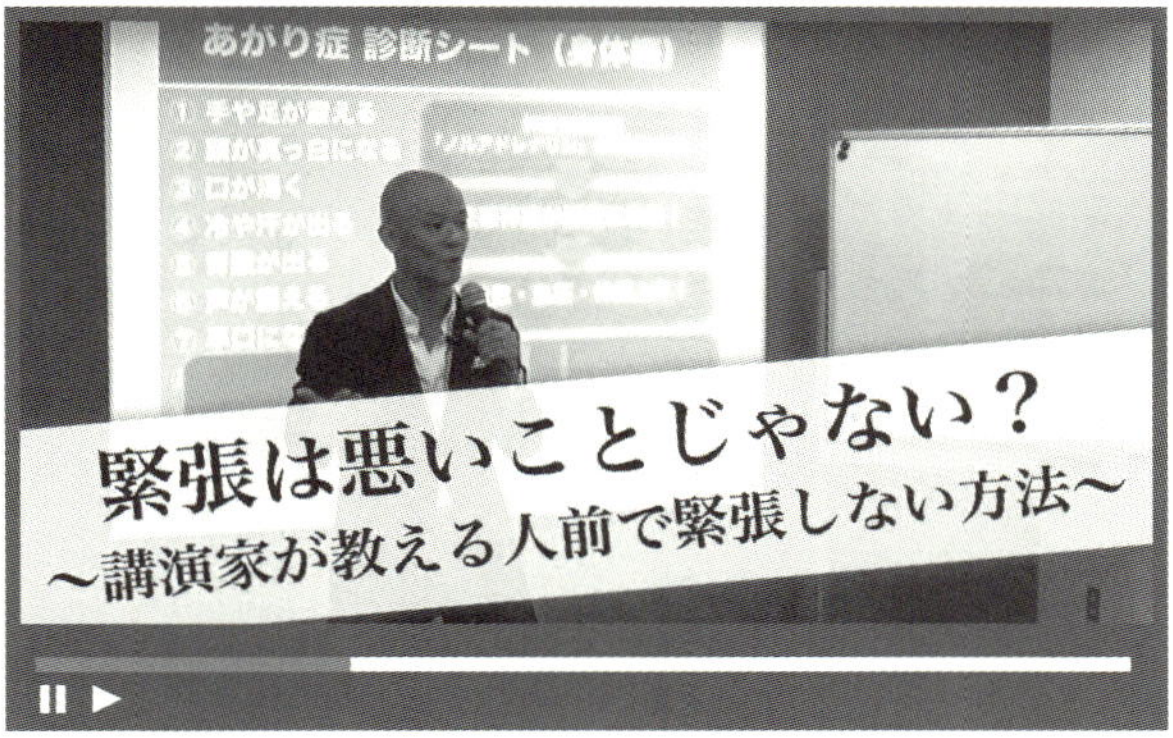

緊張は悪いことじゃない？

〜講演家が教える人前で緊張しない方法〜

第1章
よくある話し方の9つの悩み

1-2 人前で話をするときに、どこを見て話をするのが良いですか？

「大勢の人の前で話す時に、**どこを見て話したらいいかわからない**」という質問は、講演活動やセミナーをやっている方に限らず、多くの方からいただく質問です。会社の中で自分の部署のメンバーの前で話す時や、朝礼で他部署の人たちの前で話すときにも、どこを見て話せば良いかわからないなどと、不安になった経験が一度はあるのではないでしょうか。

ずばり解決方法はあります。まず原理原則は、朝礼であれ会議であれ、セミナーや講演会であれ、〝聞き手に向かって話している〟ということを認識することです。「どこを見るべきか」という問いに対して一言で答えるならば、ずばり「聞き手」、つまり「その場にいる全員」です。

「そんなことは知っているよ！」と感じた方がほとんどではないでしょうか。しかし、実際には多くの人が、聞き手のことを見ることができていないんです。聞き手の足元や、聞き手の顔の上の空間を見渡しながら話している方がほとんどで、特に日本人はその傾向が顕著です。つまり、全体を見渡しているけれども、〝**誰のことも見ていない**〟という方が非常に多いのです。

僕が運営・直接指導をしている「話し方の学校」で、スピーチのワーク中にこんな実験をすることがあります。ある1人の生徒さんに対して、「みんなの前で3分間話してみて」と言ってお題を出してスピーチをしてもらいます。スピーチが終わった後に、話し手ではなく聞き手のメンバーにこんな質問をします。

「今スピーチしてくれた○○さんと、目があったなと思う人は手を挙げてください」

すると、よくできている人でも、手を上げるのは聞き手のうちの3割。7割の人は目が合わなかったと感じて手を挙げるんです。でも、スピーチをした本人に「どこを見て話をしていましたか？」と質問すると、「聞き手を見て話をしました」と答える場合がほとんどです。

これは、現場でよく起きていることだと思います。実際には、聞き手と目を合わせずに話している人が圧倒的に多いんです。では、話し手は聞き手のことを見ながら話していたにもかかわらず、聞き手は「目が合わなかった」「見られていなかった」と思うという認識のズレが起きるのは何故でしょうか。これは、〝目があった時間の長さ〟が関係しています。

多くの人は「全員を見よう」と思って話しているので、一人ひとりとは実は目が合っていない、もしくは目が合ったとしても、その時間が極端に短いために、「自分は見られている」と聞き手が感じることがないのです。当たり前ではありますが、私たち人間は、一度に全員の目を見ることはできません。一度に全員の目を見られるのは、複眼を持っているトンボさんだけです。私たち人間の目は単眼といって、一箇所ずつにしか視線を送ることができません。そして、覚えておいてください。一人ひとりと目を合わせた時間の総和が、全員と目を合わせて話すということに繋がります。つまり、全体を見渡すのではなく、「一人ひとりと目を合わせる」という話し方が、話すときの視線の送り方の原理原則になります。

では、一人ひとりと目を合わせるには、具体的にどんなことに取り組めばよいのでしょうか。聞き手が「話し手と目が合った」と感じるのに適切な時間はどれくらいなのでしょうか。ごく稀に「1人と3秒ずつ目を合わせて話しなさい」ということを教える先生がいるということを聞いたことがありますが、これは現実的には不可能です。人間は機械ではないので「1、2、3…」と頭の中でカウントしながらスピーチを繰り出すということは、現実的ではありません。それ以上に、頭のなかで秒数をカウントすることよりも、「目の前の人が今どんな風に私の話を受け取ってくれているのか」ということを想像する方が、よっぽど大切なことです。

では、どのようにして一人ひとりと目を合わせればいいのでしょうか。どのくらいの時間を使うべきなのでしょうか。もっともっと簡単な方法があります。それは、「**1文節ずつ**目を合わせていく」ということです。

例えば、「皆さんこんにちは」と言ってAさんと目を合わせる。そして「今日は30分という時間を頂いて」とBさんと目を合わせて、「皆さんがどうやったら現場で、もっともっと自分の仕事の価値を感じながら働けるかということを」とCさんと目を合わせ、Dさんに目を移し、「全力で私の体験からお話しさせていただこうと思います！」と伝えた後、全体を見渡しながら「どうぞよろしくお願いします！」とお辞儀をする。そうすることで、AさんもBさんもCさんもDさんも、「私に話をしてくれている」と感じ、この後の講演を自分事として受け取ろうとスイッチが入ります。

例えその後、Aさんと目が合う事がなかったとしても、「私に話をしてくれている」とAさんが〝勝手に受け取る状態〟が出来上がるのです。これが目線を一人ひとりと合わせるという話し方の原理原則です。

では、「100人の前で話す時には、100人に対して一人ひとり順番に、100の文節を作って目を合わせていけばよいでしょうか？」と言われれば、答えはNOです。この手法をとると、とっても不自然な話し方、とっても不自然な目線の送り方になってしまいます。そして、100人目の人と目を合わせる頃には、もう講演会の終わりに差しかかってしまうでしょう。その方は講演の中盤で、「自分のことは見てくれていない」「自分に向かって話をしていない」と感じてしまいます。先ほどと矛盾するように聞こえますが、100人を超えるような大人数になった場合は、一人ひとりと目を合わせるということは現実的ではないのです。けれども、解決方法があるんです。それは、〝会場を**9つのブロックに分ける**〟という技術を使うことです。

これは、会場を縦に3ブロック、横に3ブロックの合計9つのブロックに分け、左奥を1、右の手前を2、左の手前を3、右奥を4、そして真ん中を5とします。9つのブロックのうちの5を中心として、まるでそこに一人ずつ人がいるかのように目線を動かしながら話すという技術を使うことで、会場全体にスピーチしているスピーカーのエネルギーが、会場全体に行き渡り、聞き手の一人ひとりに届いていくという状態を作り出すことができます。

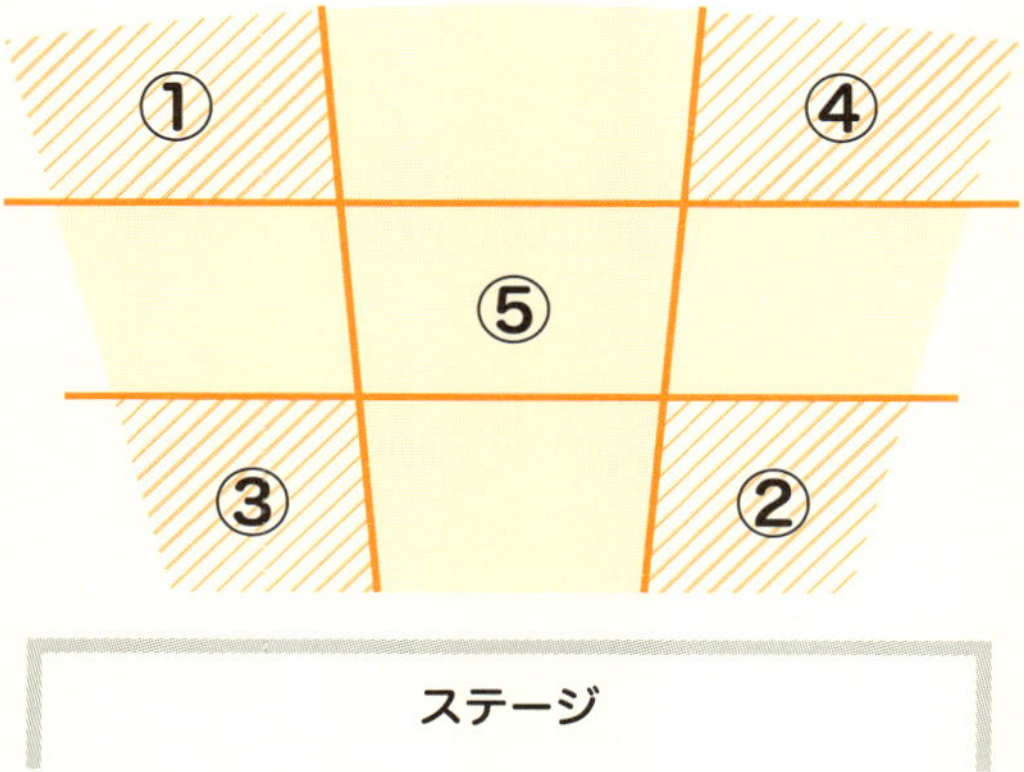

今回紹介した目線の使い方は、数ある技術のうちの一つに過ぎませんが、最も効果的で最も実践しやすいテクニックです。是非、聞き手全員と目を合わせて話すという事を意識して、特に大人数の前でスピーチをする方は、会場を9ブロックに分けて、5個のマスに向かって目線を動かしていくという基本パターンを身につけて、スピーチをすることに一度取り組んでみてください。

関連動画はこちら

https://youtu.be/BAElj3v17sA

鴨頭嘉人の Q&A

「大勢の前で話すときはどこを見る？」

1-3 結婚式の主賓代表スピーチをしたのですが、会場がシラケてしまいました。面白い話をするコツはありますか？

結婚式の主賓スピーチに対して、どんな印象を持っていますか？

「うわ～、今日の主賓スピーチってどんなのだろう!?　楽しみだ！」とポジティブな印象を持っていますか？

「あ～、どうせつまんない話なんでしょ。早く終わんないかな」とネガティブな印象を持っていますか？

残念ながら、きっと後者のネガティブな感覚をお持ちの方が多いのではないでしょうか。でもそれは、多くの日本人が**スピーチを学んだことがない**ので、仕方がない事なんです。日本の教育カリキュラムの中にはスピーチの勉強が含まれていないので、すべての人が自己流でスピーチをしています。

自己流のスピーチとはどのようなものでしょうか。それは、小さい子どもが言葉を覚えて話し出した時のように、「**耳で聞いてきた通りに話す**」ということです。人間には耳で聞いた言語を話すようになるという能力があります。語学の勉強をしたわけでもないのに2歳半から3歳で言葉を話し始めるのは、お父さんとお母さんが話している言葉を耳で聞いて覚えたからです。青森県津軽地方で生まれ、一歩もそこから出なかった人は津軽弁で話をすることになります。鹿児島で生まれ育ったなら、鹿児島弁で話します。アメリカ人の小学生が英語をペラペラ話しているからといって、私たちは驚くことはありません。なぜならば、聞いた言語を話す能力は、すべての人が持っているからです。

ここまで書いていると、結婚式の主賓スピーチが面白くない理由がお分かりになると思います。そう、「今まで私たちが**聞いた主賓スピーチが面白くない**から」です。

1-3 結婚式の主賓代表スピーチをしたのですが、会場がシラケてしまいました。面白い話をするコツはありますか？

結婚式の主賓スピーチが面白くなるためには、〝あなた〟が変わる必要があるんです。あなたが変わらなければ、「結婚式の主賓スピーチは面白い!!」という未来は切り開かれません。では、どうやってその未来を切り開いていけばよいのでしょうか。

まずは、面白いスピーチの特徴を知ることです。では、結婚式の主賓スピーチでたまに出合う「面白いスピーチの特徴」とは一体何でしょうか。それは、結婚式の会場にいる全ての人が味わいたい感情、つまり「新郎新婦を祝福する気持ち」を共有することができるということです。心から「おめでとう」と感じられる瞬間を全ての人と共有することこそが、結婚式というセレモニーに相応しいのです。では、どのようにしたら、参加者全員が新郎新婦を心から祝福する気持ちになれるのでしょうか。「2人を祝しましょう！」と主賓の方が言ったところで、聞き手は心の中で「いや、そんなことわかってるし」と感じてしまいます。

聞き手の心の状態を変える、たった一つの方法があります。それは、「会場にいる全ての人が**知らないエピソードを話す**」ということです。話し手以外、他の誰も知らなかったエピソードを通じて、「2人を祝福できるこの瞬間が嬉しい」という感情を聞き手の心の中に生み出し、会場全体の空気を変えることができるんです。

主賓代表スピーチでは、実際にあった出来事を、〝聞き手がまるでドラマを見ているかのように〟感じられるように語ってください。決して、新郎新婦がどんな人かという事を説明するのではなく、どんな人かがわかる具体的なエピソードを語ってください。

ドラマを見ているかのように感じさせるエピソードトークをするコツは、「**セリフを多く入れる**こと」です。セリフが少ないスピーチは、説明のように聞こえてしまいがちです。例えば、テレビドラマは映像以外の部分は、ほぼ全てセリフだけで紡がれています。セリフのないドラマは、ドラマではなく、説明のＶＴＲになってしまいます。セリフがあるスピーチ、面白いエピソードトークは、聞き手の心に伝わるドラマになるのです。

結婚式のスピーチを頼まれた時は、是非セリフがふんだんに入ったスピーチを作ってみてください。きっと会場の人と一緒に、新たな道を歩んでいく2人を祝福できる最高のセレモニーに花を添えることができます。「新郎新婦を祝福する気持ち」を共有して、心から「おめでとう」と感じられるあったかい空間を創造するために、是非これからの結婚スピーチでは、セリフがふんだんに入ったスピーチを作ってみてください。

▶関連動画はこちら

https://youtu.be/kMRQZc1mLuE

爆笑と感動！ 結婚式で大絶賛を浴びた友人代表スピーチ

1-4

本を読んだり、スピーチ教室に通ったりしてスピーチの勉強をしましたが、思うように改善ができません。どうしたらよいでしょうか？

自分の話し方についての悩みを持っている日本人は、全国民のうち約95％と言われています。悩みを抱えている人のうちの多くが、話し方やスピーチに関する本を読んだり、スピーチ教室に通ったりして問題解決しようと努力していますが、残念ながら本を読んでもスピーチ教室に通っても悩みが解決しないという声をよく耳にします。でもこれには理由があるんです。

まずスピーチを学ぶ上で知っておかなければならない大前提があります。それは、

「**スピーチは運動**である」ということです。スピーチは知識を積み上げていく勉強とは違うものなのです。だから、本を読んでやり方がわかっただけでは、スピーチ力が高まるということはあり得ません。例えば、「自転車に乗れるようになりたい」と思って、「自転車の乗り方」という本を買ってきて、自転車の乗り方についての知識を身に付けたとしましょう。

「ペダルを右足左足と交互に前に出して回転させることによって、チェーンによる駆動が後輪に伝わり、後輪が前進方向に回転する。それによって自転車自体が前に進み、後輪の回転数が上がることによって推進力が高まって、転ばなくなる」

このことを頭で理解した瞬間に「よーし！　これで乗れる！」と思って自転車を漕いだらどうなるでしょうか。そう、転びます。運動というのは、理論や知識を手に入れたからといって、すぐに出来るようになるものではないんです。もちろん本を読むことに価値がないのではありません。本を読むことによって、自分の姿とあるべき姿を比べた時に、どこにズレがあるのかという〝気付き〟を得る効果があります。ただし、〝気付く〟ということと〝出来る〟ということは段階として1段階違うことなのです。気付きを得るための最初のステップとしてスピーチの本を読むことは非常に価値のあ

1-4 本を読んだり、スピーチ教室に通ったりしてスピーチの勉強をしましたが、思うように改善ができません。どうしたらよいでしょうか？

ることです。そもそも、〝**自分がズレている**〟ということに気付かない限り、人は改善には向かうことはなく、新しく何かを学ぼうと行動することはありません。だからこそ、この本を手に取ったあなたは、〝気付きを得る〟という第1段階は見事にクリアしているんです。

ただ、本を読んだ段階というのは〝気付いた〟という段階であって、実際にスピーチができるようになるためには、〝運動の質〟を上げていく必要があります。そして、そのときに大切なことは〝**正しいフォーム**を身につけてそれを**繰り返す**〟ということなのです。例えば、ゴルフの練習をするときに、間違ったフォームで素振りを繰り返していたら、どんなに努力したとしてもその人はどんどんゴルフが下手になってしまうんです。練習すればするほど、努力すればするほど逆効果となってしまうのは、とっても寂しく辛いことですよね。〝運動の質〟をより効果的に高めるには、3つのステップがあります。

第1ステップは、「**知る**」ということ。先に記した通り、質の高い本や質の高いスピーチ教室と出合い、正しい知識を習得することが第1のステップです。例えば、「ゴルフが上手くなりたい」と思ったとしましょう。自己流のフォームで打ちっ放しに通って練習を続けると、多くの人がスライスボールといって、ボールがまっすぐ飛ばずに右に曲がるようになってしまうそうです。

第2ステップは、「**繰り返し実践**する」ということ。運動の質を劇的に上げるためには、諦めることなく、何度も何度も繰り返し練習することが何よりも重要なのです。例えば、自転車に乗る練習をしていて最初に転んだその瞬間に「なんだ。本の通りにやったって、乗れないじゃないか」と言って練習を辞めてしまってはいけないんです。「もう一度。もう一度。もう一度」といって何度も何度も自転車に乗ろうというトライアルを繰り返していくんです。するとある時、不思議な瞬間がふと訪れます。「あっ！今、前に進んだ！」ほんの1メートルだけ、「転ばずに自分で前に進めた」という感覚を身につけると、すぐその後には突然10メートル以上自転車をスムーズに漕ぐことが出来るようになります。これが〝運動の成長曲線〟なんです。

1-4 本を読んだり、スピーチ教室に通ったりしてスピーチの勉強をしましたが、思うように改善ができません。どうしたらよいでしょうか？

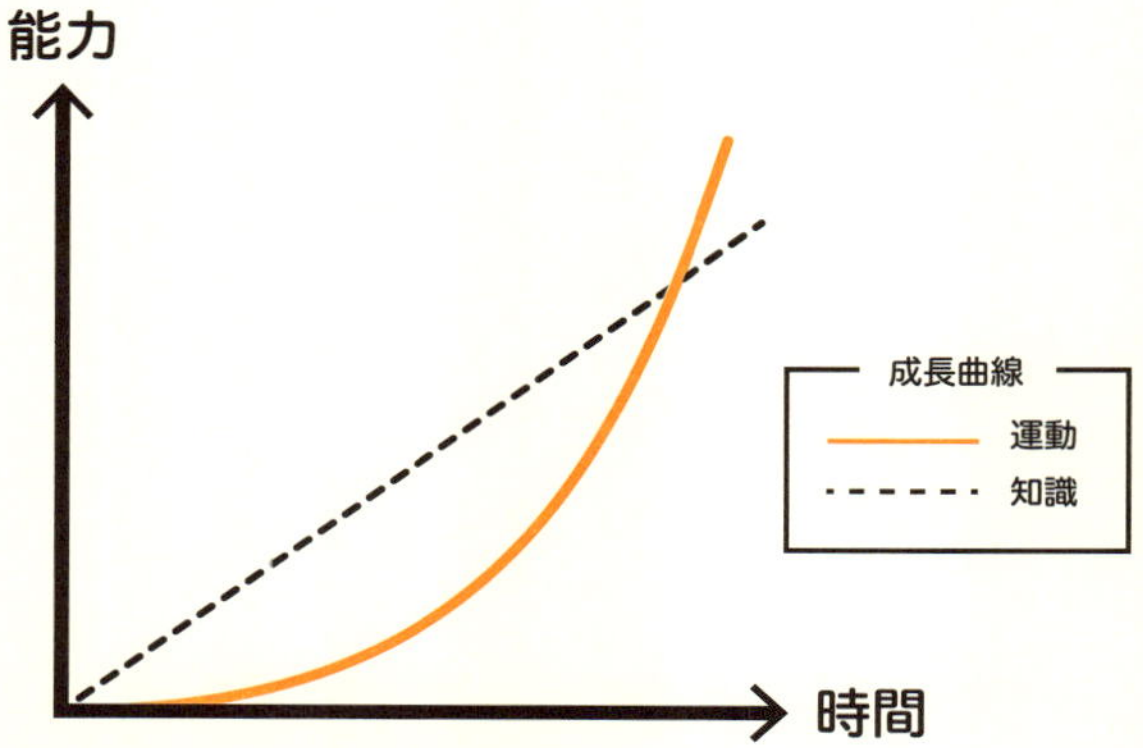

●知識と運動の成長曲線

知識と運動の成長曲線は全く種類が異なります。知識の成長曲線は、比例関係の直線になっていて、時間をかければその分だけ知識量が増えるようになっています。けれども、運動の成長曲線は違います。取り組み始めた段階では、いくら時間をかけてもレベルはまったく上がりません。けれども、ある瞬間にコツを掴んだ後、グッと一気に加速的に成長する。運動の成長曲線は、知識の成長曲線とはまるで違うカーブを描いているんです。

スピーチは〝運動〟です。本を読んで知識を手に入れて、やり方が分かったという段階では今までとは何も変わっていないんです。話せるようになったという思い込みを持っていざ本番に臨むと、うまくいかなくて、悔しい思いや恥ずかしい思いを沢山経験することになるでしょう。けれども、「なんだ。本の通りにやったって、話せるようにならないじゃないか」と言って練習を辞めてしまうのではなく、「もう一度。もう一度。もう一度」といって何度も何度も挑戦し続けましょう。落ち込んでしまって、トレーニングを積み重ねることを辞めてしまうと、一生スピーチの悩みから解放されることはありません。諦めずに正しいフォームを繰り返していくことで必ず、「あれっ！　今、うまく伝わった！」という不思議な瞬間が訪れます。「あっ！　このことだったのか！」という体感を得た後に、急速にあなたのスピーチ力は伸びていきます。諦めることなく実践し続けましょう。

そして第3ステップは、「**体験した出来事を仲間にシェア**する」ということです。ここでまた大前提があります。自分一人だけでスピーチを学び、自分一人だけでスピーチ力を向上させていくのには限界があります。スピーチ力を上げるためには、共に学ぶ仲間の力が必要不可欠です。僕が運営・指導をしている「話し方の学校」というスピーチ・コミュニケーションを学ぶ大人の学校で、生徒さんたちに教えてもらいました。

1-4 本を読んだり、スピーチ教室に通ったりしてスピーチの勉強をしましたが、思うように改善ができません。どうしたらよいでしょうか？

話し方の学校では、講義で学んだ内容をすぐその瞬間、その場で**ワークを通して実践**して、生徒同士で学んだことや感じたことを**シェア**します。それを講義の中で繰り返します。それだけでは終わりにせず、その講義で学び、ワークしたことを次の授業までの間、**日常でトライ**し続けます。そして、日常でチャレンジしたことで得られた学びを仲間にシェアして、仲間同士で意見交換をするんです。発信した側は、自分のチャレンジに対する仲間のフィードバックを受けて、「よし！　またチャレンジを続けよう！」とモチベーションが上がったり、「もっと違ったやり方があったのか。今度はアプローチを変えてみよう！」と新たな気付きを得ることができます。受信した側も、「仲間がこんなに頑張っているんだから、自分も頑張ろう！」とチャレンジする勇気をもらったり、「講義の内容を会社の中で活かすことができるんだ。自分もやってみよう！」と新たな気付きを得ることができます。実際に、日常でのチャレンジを繰り返すことで、

「大切なプレゼンテーションを大成功させることができた」

「朝礼での3分間スピーチが嫌なことから楽しみに変わった」

という嬉しい声を数多く聞いています。中には自分のスピーチが変わったことに

よって、

「職場での人間関係が変わった」

「家族との会話が増えた」

など、人生が豊かになる結果を手にする生徒さんが沢山でてくるようになりました。

スピーチは運動です。正しい知識を得て、共に学ぶ仲間と励まし合いながら、失敗を恐れずに何度も繰り返しチャレンジをして、初めてスピーチ力が向上します。本を読んだだけでスピーチ力は身につかないし、2時間や半日の講座を一度受けたくらいではスピーチ力は身につきません。

話し方の学校の生徒さんたちも、講義を受けて日常でチャレンジを始めた頃には「わかったけどできない」というストレスを必ず感じています。でも諦めることなく、学んだことを毎日職場や家庭など、現場でトライして、失敗を繰り返し、そして講師や仲間にそのチャレンジを認めてもらい、承認されることで、何度もなんどもトライし続けています。すると、どんな人でも必ず「あっ！ 今、やっとわかった。やっとできた！」という瞬間を味わう日が来るんです。そしてその後、本人も驚くほどの成長を描いていくという姿を、僕は今までの全ての生徒さんから見出すことができました。共に学ぶ仲間と励まし合いながら、失敗を恐れずに**何度も繰り返しチャレンジ**をする。これは全ての人が学ぶ時に必ず通る運動のプロセスなんだということを、今ではハッキリと伝えることができます。

話し方の学校では、１つのコースについて６ヶ月間、しかもまる１日の講義をやるだけではなく、１回の講義を受ける度に、日常でチャレンジをするという宿題が出ます。１８０日間のトレーニングプログラムとしてある瞬間からできたという経験をし、１個１個クリアしていくという「**運動の成長体験**」を何度も何度も繰り返していくことによって、全ての生徒さんが成長するという仕組みを構築することができました。

もし、この本を読んでくれている方の中に、「スピーチの本も読んだ。スピーチの講座を受けたこともある。でも、成長実感が味わえない」という方がいらっしゃったら、この**１８０日間トレーニングプログラム**にチャレンジしてほしいと思います。

▶関連動画はこちら

https://youtu.be/hRIJuLo_i8k

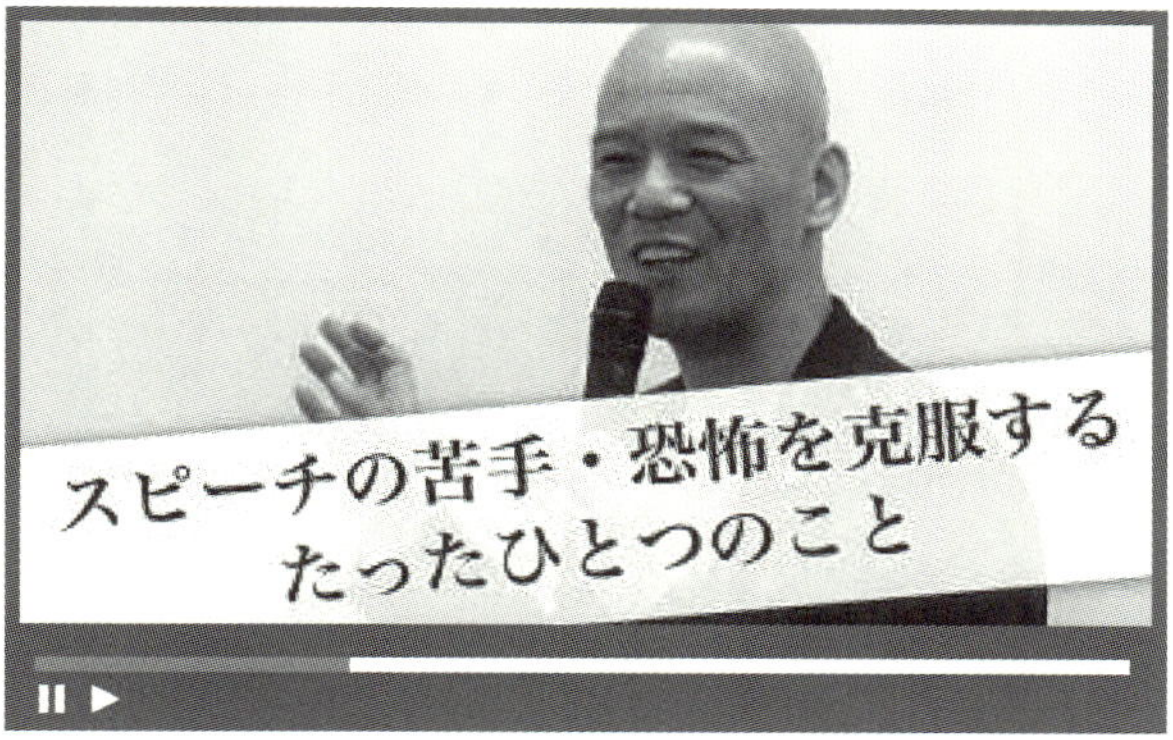

スピーチの苦手・恐怖を克服する
たったひとつのこと

話すことは プレゼント
話し方の学校
～グランドルール～

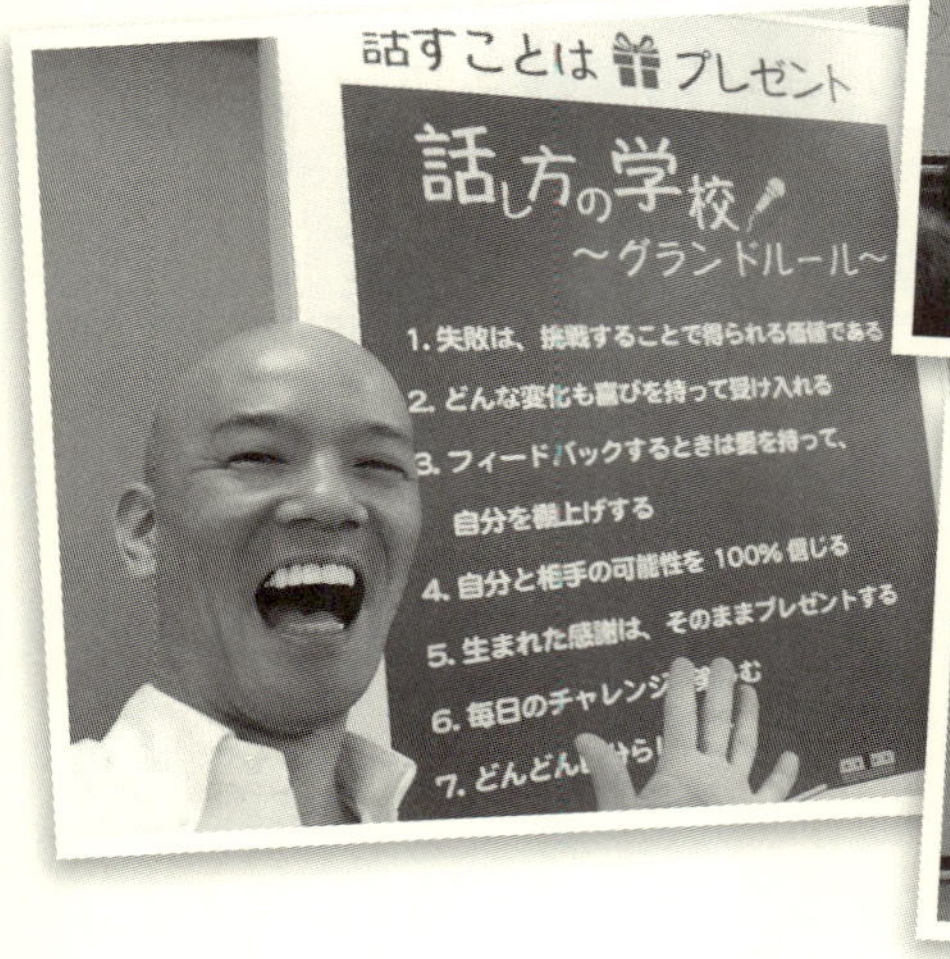
話すことは プレゼント
話し方の学校
～グランドルール～
1. 失敗は、挑戦することで得られる価値である
2. どんな変化も喜びを持って受け入れる
3. フィードバックするときは愛を持って、
自分を棚上げする
4. 自分と相手の可能性を 100% 信じる
5. 生まれた感謝は、そのままプレゼントする
6. 毎日のチャレンジ
7. どんどん

話し方の学校

1-5

PowerPoint に書いてある内容を話しても聞き手が退屈に感じてしまいます。PowerPoint 資料とプレゼンテーションの内容はどの程度違うとよいなどのコツはありますか？

プレゼンテーションにおいてPowerPointというツールは〝**両刃の剣**〟という面があります。効果的に使えば、そのプレゼンテーションは聞き手にとってよりわかりやすく、深い印象を残すことができます。しかし、使い方を間違えると、使わない時よりもかえって伝わらないことがあります。

まずは、「**絶対にやってはいけないこと**」をお話しします。それは、「話し手が話す

1-5 Power Point に書いてある内容を話しても聞き手が退屈に感じてしまいます。Power Point 資料とプレゼンテーションの内容はどの程度違うとよいなどのコツはありますか？

内容を、PowerPoint のスライドに表示させる」ということです。これは多くの人が行いがちですが、最もプレゼンテーションの効果を下げる、絶対にやってはいけない禁止事項です。スライドに表示された内容を聞き手が目で追っている時、話し手が全く同じ内容を話していたら、聞き手はどう感じるでしょうか。「いや、知ってるよ。ここに書いてあるし」そう思いますよね。これから何が話されるかがスライドに書かれていると、聞き手のテンションが落ちてしまうんです。だから、話す内容はPowerPoint のスライドに書いてはいけないんです。

では、PowerPoint はどんな時に、どうやって使えば効果を発揮するのでしょうか。それは、「**言葉で表現することが難しいものを表現する**時に、図や写真を使って聞き手に視覚情報を与える」ということです。人の想像力には限界があります。言葉だけではイメージができないものでも、図や写真などの視覚情報が与えられれば内容を理解することができます。例えば、最寄りの駅から自分の家までの道のりを活字や言語だけで、自分の家に初めてくる人に説明することは、ものすごく難しいことです。家を訪ねてきた友人を、電話で誘導していたら道に迷わせてしまった経験はないでしょうか。けれども、地図という視覚情報を与えると、その友達は自力で家までたどり着くことができる。電話での誘導が必要となっても、地図の情報が助けとなって、説明もしやすくなりますよね。

図に表すと理解が進むけれども、言葉だけだと理解し辛いものに関しては、PowerPointは大きな効果を発揮するツールなんです。例えば、「良い話し方と悪い話し方」の違いを説明するときには、すべてを言葉で説明するのではなく、良い話し方・悪い話し方で分類分けして表にまとめて比較すると聞き手は話を理解しやすくなります。他にも、データの紹介やマズローの欲求5段階説の説明などで段階ごとの説明が必要となる時、潜在意識と顕在意識の力の違いの比較をするために、領域の大きさを視覚的に表現する時には図や写真が効果的となります。

1-5 Power Point に書いてある内容を話しても聞き手が退屈に感じてしまいます。Power Point 資料とプレゼンテーションの内容はどの程度違うとよいなどのコツはありますか？

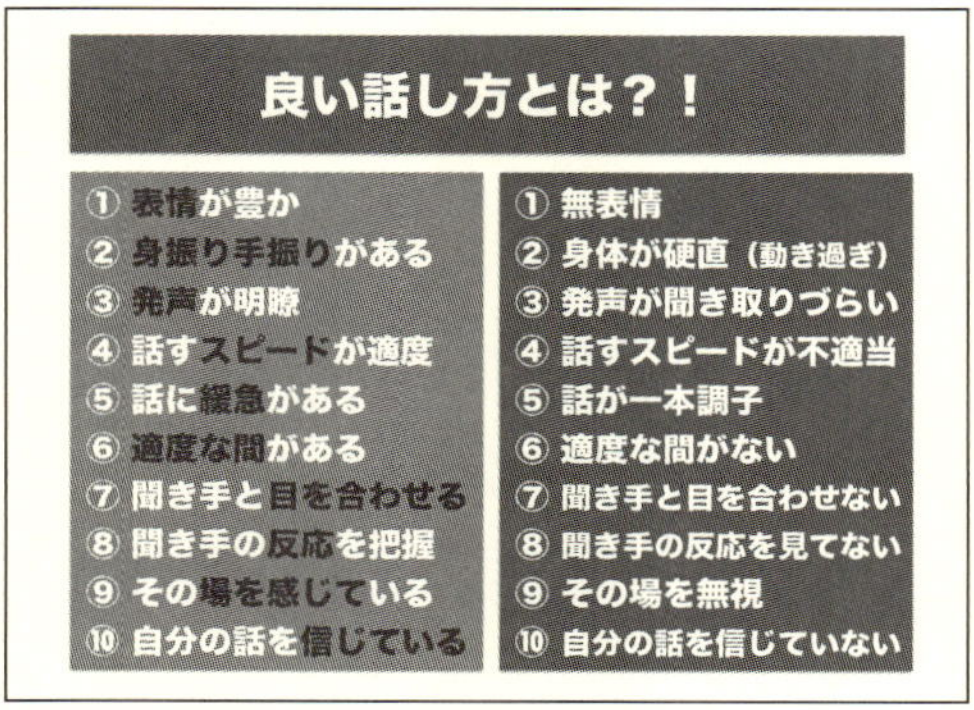

良い話し方とは？！

① 表情が豊か	① 無表情
② 身振り手振りがある	② 身体が硬直（動き過ぎ）
③ 発声が明瞭	③ 発声が聞き取りづらい
④ 話すスピードが適度	④ 話すスピードが不適当
⑤ 話に緩急がある	⑤ 話が一本調子
⑥ 適度な間がある	⑥ 適度な間がない
⑦ 聞き手と目を合わせる	⑦ 聞き手と目を合わせない
⑧ 聞き手の反応を把握	⑧ 聞き手の反応を見てない
⑨ その場を感じている	⑨ その場を無視
⑩ 自分の話を信じている	⑩ 自分の話を信じていない

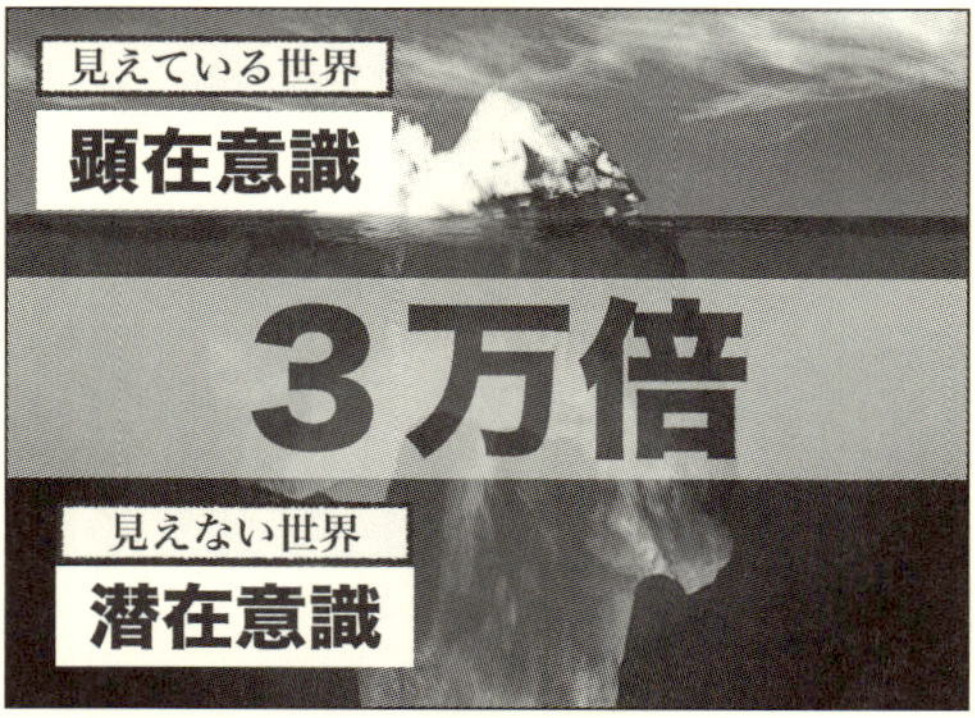

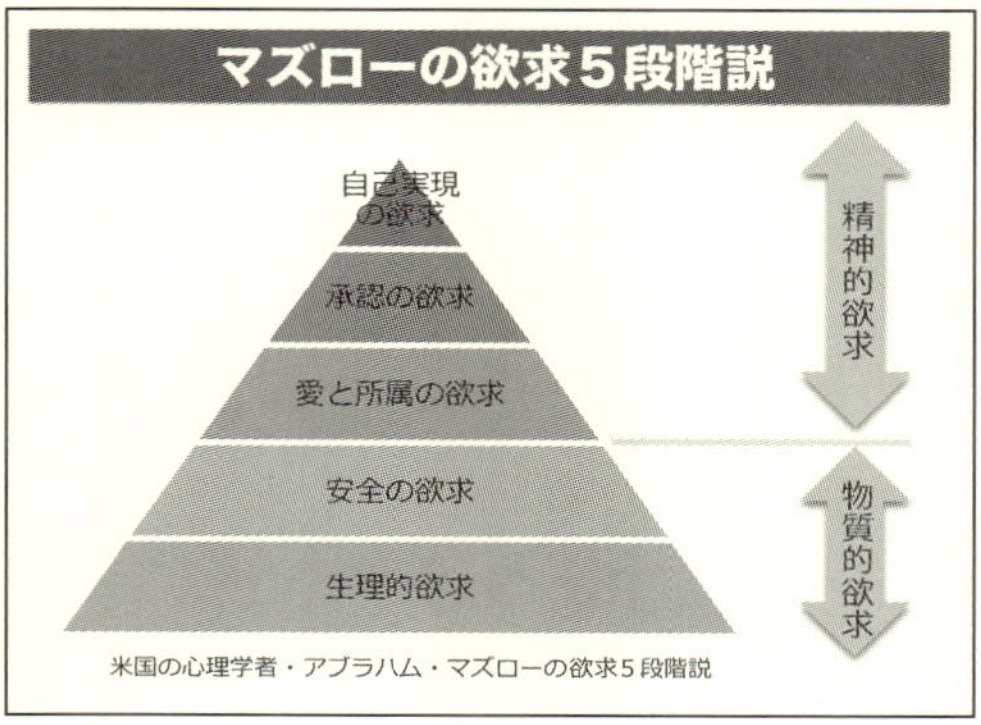

米国の心理学者・アブラハム・マズローの欲求５段階説

基本的には、「PowerPointのスライドは図や写真のためだけに利用する。それ以外の文字は表示しない」ということが大原則です。では、文字をPowerPointに表示させるのは、やってはいけないことなのでしょうか。そうとも限りません。文字を表示させることでより深く伝わる、効果的な使い方があるんです。

それは、プレゼンテーションの内容ではなく、そのプレゼンテーションの中の〝キーワードだけ〟をスライドに表示させるという技術です。キーワードだけを表示した状態で、「なぜこの言葉が大切なのか」「その言葉にどんな深みがあるのか」「どんな場面でその言葉が使われているのか」など、そのキーワードにまつわる背景は、全てプレゼンテーションします。すると、聞き手はそのキーワードの重要性を理解して、視覚情報としても記憶したそのキーワードを現場で思い出して使えるようになるんです。プレゼンテーションの骨子であり、聞き手に伝えたい、持ち帰ってもらいたいキーワードのみを表示して、ストーリーや背景、ロジックは全てプレゼンテーションで表現するという技術を是非使ってみてください。

1-5 Power Point に書いてある内容を話しても聞き手が退屈に感じてしまいます。Power Point 資料とプレゼンテーションの内容はどの程度違うとよいなどのコツはありますか？

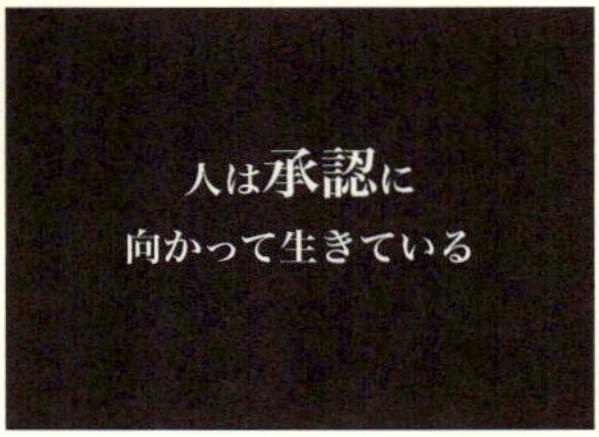

図や写真を用いて聞き手の理解を深める手助けをすること、キーワードだけを表示して聞き手の心にメッセージを深く刻み込むことが、基本的なPowerPointの使い方になります。PowerPointはとても便利なツールですが、それに頼りきってプレゼンテーションを作るようになると、どんどんPowerPointに補ってもらうプレゼンテーションをするようになってしまいます。PowerPointは便利なツールではありますが、マイナスの面があるということを知っていてもらいたいと思います。

PowerPointを利用することで、〝言葉

以外の表現が聞き手に届かなくなる〟という面があります。PowerPointを使わずにプレゼンテーションをする場合、聞き手は話し手を見ながら話を聞いています。そして、話し手のどこを見ているかというと、ほぼ100%の人が〝**表情**〟を見ているんです。話し手がどんな表情をしているかによって、話の内容が深く心に入ってくるかどうかが決まります。例えば、「ものすごく嬉しかった」という話を、話し手が本当に嬉しそうな表情で話していたとしましょう。話し手が使っている言葉が、「ものすごく嬉しかった」という在り来りな言葉であったとしても、聞き手はその喜びの大きさを、話し手の表情を見ることによって受け取ることができます。けれども、PowerPointで何かを表示しながら話していると、「ものすごく嬉しかった」という在り来りな言葉しか聞き手は受け取ることができません。つまり、**表情を使った表現力が差し引かれた**分だけが、聞き手にメッセージとして届いてしまうんです。

実は、これを回避する方法があります。それは、PowerPointで表示している言語もしくは図とは違う話をしている時には、〝ブラックバック〟を表示するという技術です。ブラックバックとは、「何も表示しない」という画面のことで、話し手の表情

1-5 Power Point に書いてある内容を話しても聞き手が退屈に感じてしまいます。Power Point 資料とプレゼンテーションの内容はどの程度違うとよいなどのコツはありますか？

を見てもらう必要があるパートのときに利用します。そして、ブラックバックを使うことで、よくありがちな「PowerPoint で映している内容と話し手が話している内容がズレてしまう」というミスを防ぐこともできます。例えば、「ハワイの海がとても綺麗だった」という話をした後に、「東京に帰ってきて職場に戻った」というエピソードを話している時に、背景にハワイの海の画像を表示したまま話してしまうと違和感を感じますよね。このときにブラックバックを使うんです。つまり、「聞き手から見て、自分がどう見えているか」「聞き手から見て、スライドがどう見えているか」という聞き手からの視覚情報を想像しながら、プレゼンテーションを総合的に作る必要性があるんです。

是非、効果的な PowerPoint の使い方と、敢えて**「PowerPoint を使わない」という選択肢**があるということを知ったうえで、今後のプレゼンテーションに今回紹介した技術を活かしてほしいと思います。

関連動画はこちら

https://youtu.be/TCJUBPoVB44

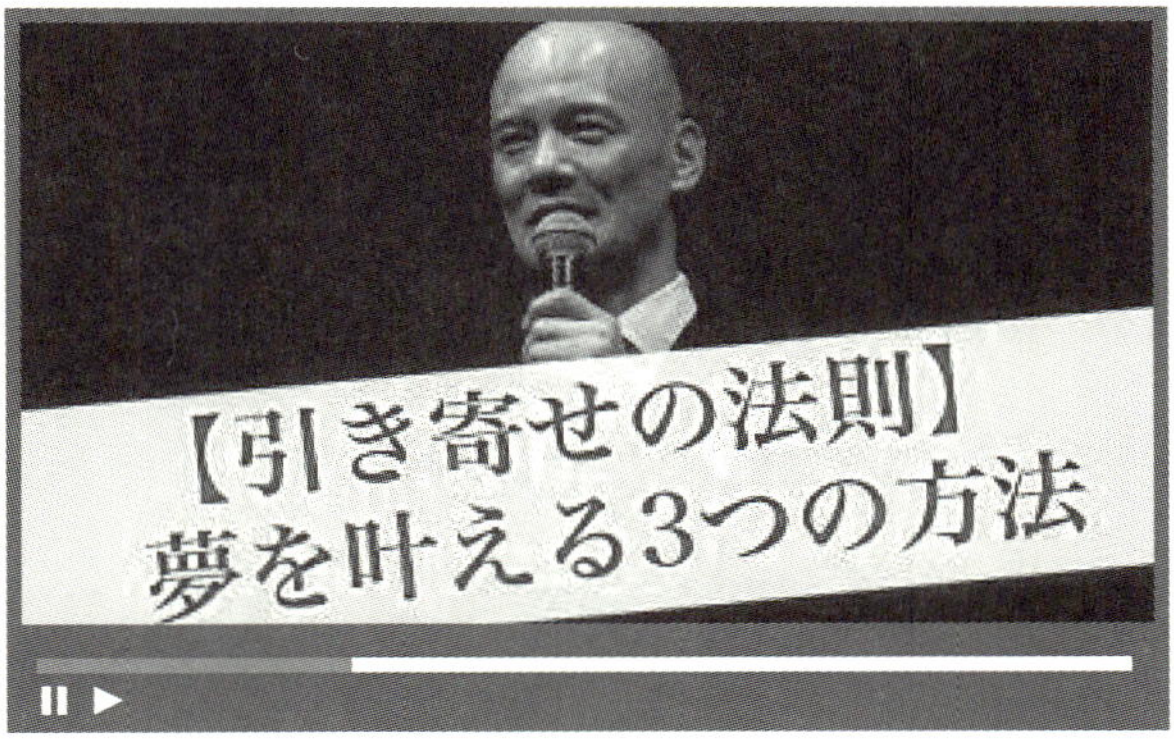

【引き寄せの法則】

夢を叶える３つの方法

1-6

目上の方に話すときに、心を掴むコツはありますか？

「講演会の参加者が、先輩経営者ばかりだった」
「年齢が自分より一回り以上、上の方ばかりだった」

どうでしょうか。緊張しますよね。僕もそんな経験がたくさんありますが、その時の心構えを一言でお伝えします。

『堂々と丁寧に話す』

これに限ります。例えば、自分より社会的ステータスが上の方、年齢が上の方の前で怖気付き、「えっと…私、そんなに成果も出しているわけではないですし、皆さんよりも年齢が下で、逆に皆さんから教わらなければならないことばかりの中、お話ししなければならないということで緊張していますが、何卒よろしくお願いします」と言われたら、聞き手はどう思うでしょうか。声には出さないまでも、「じゃあ、喋るなよ」と、心の中で思うでしょう。どんな人の前であろうと、人前で話す時は「**役割を演じきる**」ということが非常に大切です。

そもそも、「教えを授けるために人前で話すんだ」「人前で話せる人は、偉い人だから」と思い込んでいる人ほど、右の例のような発言をしがちです。人前で話す機会を与えられるのは、自分が偉いからではありません。今回たまたま〝**役割を与えてもらった**〟から話せるんです。相手が偉いとか自分が偉くないとか、逆に人前で喋る自分は偉い立場にいるということは勘違いでしかありません。相手の方が、経験値が上だということも関係ありません。自分に与えられた役割を演じきって、「話を聞いてくださる全ての方の未来が少しでも良くなるように、全力で話をさせてもらう」ということが、話し手として誠実な態度であり、あるべき姿です。

だからこそ、『堂々と丁寧に話す』。そして、人生の大先輩の前で、一対一で話す時と同じように、堂々と丁寧に話していれば、相手は自分よりも人間性や人生経験が豊富な方なので、しっかりと受け取ってくれることは間違いありません。だからこそ、自分の背丈を大きく見せようとか、へりくだるということを一切せずに、「とにかく全力で話し切る」ということに集中すべきなのです。「伝えるべきことを堂々と言い切る」ということに集中すれば、何ら恐れることなく話すことができるので、思い切ってチャレンジしてみてください。

僕は、講演家としてデビューしたばかりの頃、全国の商工会議所で年間約１５０回、セミナーをやらせてもらっていました。当時の僕は44歳のマクドナルドの元社員。つまり、「会社での中間管理職としての経験を経営者の前で話す」というセミナーでした。その時、僕が目の前の人たちが経営者だからといって、自分を卑下したり、逆に尊大にかまえたりしていたら、きっとその方たちには僕の想いは届かなかったでしょう。

「この講師から何か学び取ろう」という気持ちには、なってもらえなかったでしょう。

つまり、目の前の人が年上であろうが下であろうが、社会的地位が上であろうがまだ未熟な後輩たちであろうが、人前で話す時の心構えは何ら変わらないんです。目の前の方に、「自分と同じ間違いを起こさないでほしい」と語りかけたり、自分が現場で感じ取ってきたこと、培ってきた技術を提供し、目の前の方の現場が変わるキッカケを提供することに一点集中して話す。それこそが、目上の人の前で話す時の、いや、人前で話す時の心構えです。是非、チャレンジしてみてください。

▶関連動画はこちら

https://youtu.be/uP-v2s76j0k

口下手な人が一瞬でスピーチの天才になれる【裏ワザ】

1-7 会場の雰囲気を作るコツはありますか？

講演会やセミナーでは、話し手が言葉を発することで初めて場が進んでいきます。

けれども、その空間の雰囲気を作っているのは話し手だけではないんです。聞き手も一緒に会場の雰囲気を作っています。例えば、すごく学びの意欲の高い人だけがその会場にいれば、会場の空気感は温まっているものです。逆に聞き手全員が、何ら学ぶ意思がなく、強制的にその場所にいなければならないという状況であれば、場の空気というのはきっと冷え切ったものになっているでしょう。話し手の役割は、聞き手に自分の体験談を話すことだけではありません。会場の空気を自ら作り出し、参加者と一緒に温めていくためのリーダーとなる役割があります。会場の雰囲気を作るための具体的な方法は、大きく分けて2つあります。

まず、1つ目は、聞き手の心が開放されるために、**まず自分が心を開放**して話をするということです。場が冷え切っている時に、自分自身がその温度に合わせてしまったり、聞き手が心を開いていないからといって、自分も心を開かなかったとしたら、その場の温度が変わることはありません。そして、聞き手が心を開くという現象も起きません。まず自分自身が心を開き、熱を持って話をするという心構えを持つことが、最も重要なポイントになります。講演会やセミナーを野球に例えるならば、講師はピッチャーです。いくら審判が「プレイボール」と言ったとしても、ピッチャーがボールを投げない限りには、ゲームは前には進みません。ピッチャーという役割であるあなた自身が、まずは心を開き、動き、温度を上げていくという意思を持ってスタートさせることがベースとなります。

2つ目は、聞き手の**心が動く表現力**を使うという技術的な解決法です。会場の温度を上げていくためには、言葉であったりジェスチャーであったり、全身を使った表現を駆使することも重要でしょう。今回はまず、どんな人でもこれを意識すれば、聞き手の心が動き始めるという基本の技術をお伝えします。それは、「**目線**」です。

一人ひとりと目線を合わせながら、「今、私はあなたに話しているんです」というメッセージを与えることで、聞き手のスイッチが**一人ひとり入っていきます**。よくありがちな失敗例は、会場の前の方の人とだけ目線を合わせ、ついつい前の方の人に語りかけてしまうというもの。エネルギーが届いていない後方の席の聞き手たちのスイッチが入りません。ましてや、講演会やセミナーの場合には、意欲的な人が前方の席に座り、まだ意欲的になっていない人が後方の席に座る傾向があります。後方の人たちと、どれだけ目線を合わせていくかという意識を持っていないと、会場全体の空気は変化しません。参加者の数が100名以上の大きな会場であるならば、なおさら後ろのブロックの人とできるだけ目線を合わせ、意識を後方に飛ばすという技術を使うことで、会場全体を巻き込んでいくということが必要になります。

話し手自身が心を開き、目線を使ってできるだけ一人ひとりに語りかけるということを会場全体にできるようになれば、更に会場の温度を上げるためのチャレンジをしていきましょう。そのためには、質問を投げかけることによって参加意欲を高めることや、簡単なワークをすることが有効です。例えば、隣に座っている方と感想をシェアしたり、少し身体を使った実験を行うなどのアクティビティを入れていくことによって、会場全体の空気を動かすことが可能になります。

そして、一番大切なことは「順番」です。いきなり、感想シェアやアクティビティというテクニックに頼ることなく、まず基本となる自分自身の心を開放することや温度を上げることに注力する。そして次に目線に意識を向けて、その上でテクニックを使ってみるということが、会場の雰囲気を作っていくということにつながります。この順番だけは注意しながら、是非トライしてみてください。

▶関連動画はこちら

https://youtu.be/NlxDnlCcL90

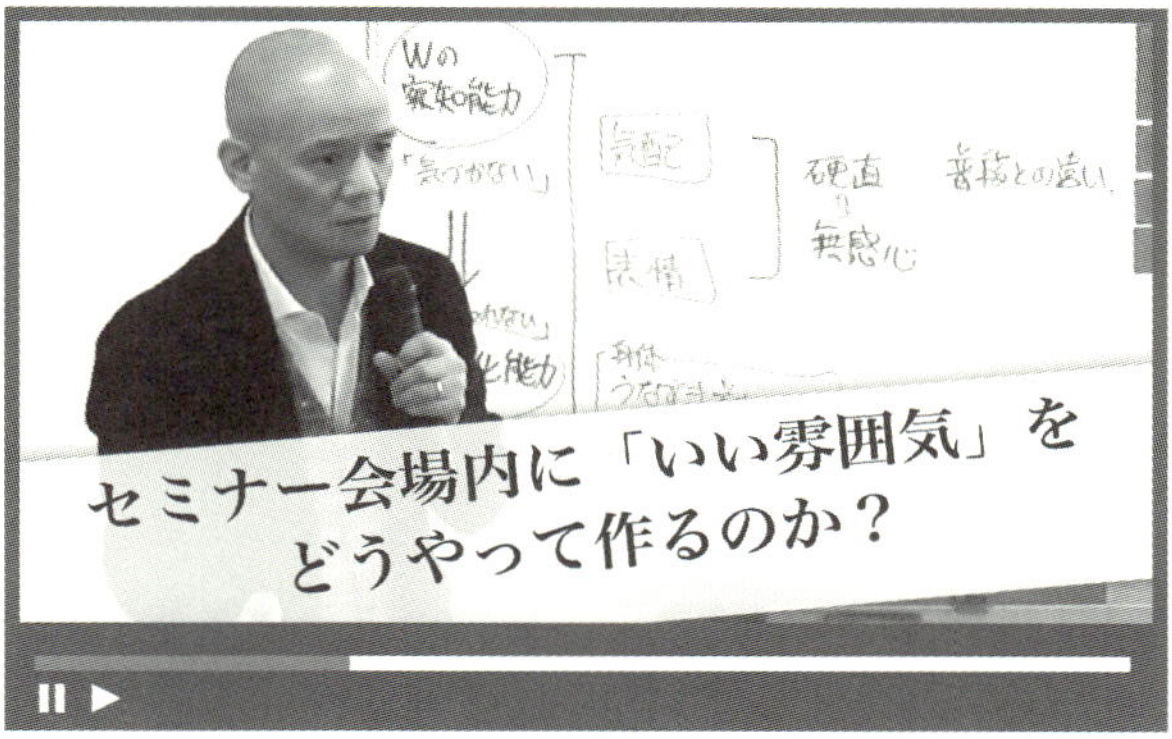

セミナー会場内に「いい雰囲気」を

どうやって作るのか？

1-8 ついつい話が長くなってしまいます。どうしたらよいでしょうか?

話が長くなってしまう一番の要因は、**自分の頭の中が整理されていない状態**で話しているということにあります。頭を整理できている状態とは、

「この話は一言で言うと、どんな内容を伝えたいのか」
「その話の中の一番大切なポイントは何なのか」
「聞き手がこのスピーチの中から何を持って帰って現場で行動すればよいのか」

ということを明確に答えられる状態のことを言います。頭の中が整理されておらず、「一言で言うと○○」という答えを持たないまま話し始めると、説明を補おうと余計

な言葉を付け足したり、本題と関係のない話に脱線していってしまいます。そしてその結果、聞き手は「この人結局何が言いたいんだ」と感じてしまうようになります。そして、さらに行き過ぎると、自分自身でも何を言っているのかがわからなくなり、話の落とし所が見つからず、いわゆる「不時着スピーチ」に陥ってしまうことさえあります。

まずは話し始める前に、「一言で言うと○○」という答えを持って、頭の中を整理した状態で話すということが大切です。次の段階では、「1つの話題にかける時間は3分～5分」というルールを肝に銘じることが大切です。これは聞き手の集中力の持続時間に関係しています。1つの話題が5分以上続いてしまうと、聞き手の集中力が低下し始めて、その話題を始めた時の内容と、今話している内容が繋がらなくなり、どんなに内容の濃い重要な話であっても理解ができなくなってしまうということがよく起きます。これは、テレビ番組や映画のストーリーの作り方でも全く同じことがあてはまります。必ずワンシーンは3分～5分でまとめ、次のシーンに移っていくという作り方をしないと、テレビの視聴者はチャンネルを変えてしまうという現象が起きます。映画の場合はチャンネルを変えることができないので、苦痛な時間が長々と続いてしまうことになり、「つまらない映画だった」と評価されたり、途中で席を離れられてしまうことになります。セミナーや講演会は映画と同じ状況です。聞き手がチャンネルを変えることができない状態なので、理解不能で要領を得ないスピーチをしてしまうと場の雰囲気が冷え切ってしまい、話し手自身もどうしていいのかわからないという空気感になってしまいます。必ず1つの話題は3分〜5分、ワンシーンは3分〜5分で次のシーンに移るという原理原則を忘れずに、原稿を作るときであれば見直しを繰り返してみてください。

現場で話すときであれば、自分の身体の〝砂時計〟で3分〜5分をカウントする訓練が必要になります。「人前で喋りながら3分〜5分をカウントするなんて、急には無理だ」と思う方がほとんどでしょう。確かに急にはできません。日常の中で訓練を積み重ねていきましょう。例えば、スマートフォンのタイマーを見たりしながら、自己紹介の場面では必ず3分で話し切るなど、3分〜5分という体内感覚を鍛えることはいくらでもできます。自分の身体の中に〝砂時計〟を持つという努力を積み上げていけば、この3分～5分でワンシーンという法則が、自分の中に定着していきます。

是非、ワンシーン3分～5分の法則を身につける訓練を、日常生活の中でスタートさせてみてください。

関連動画はこちら

https://youtu.be/9YgXm_Bgjkg

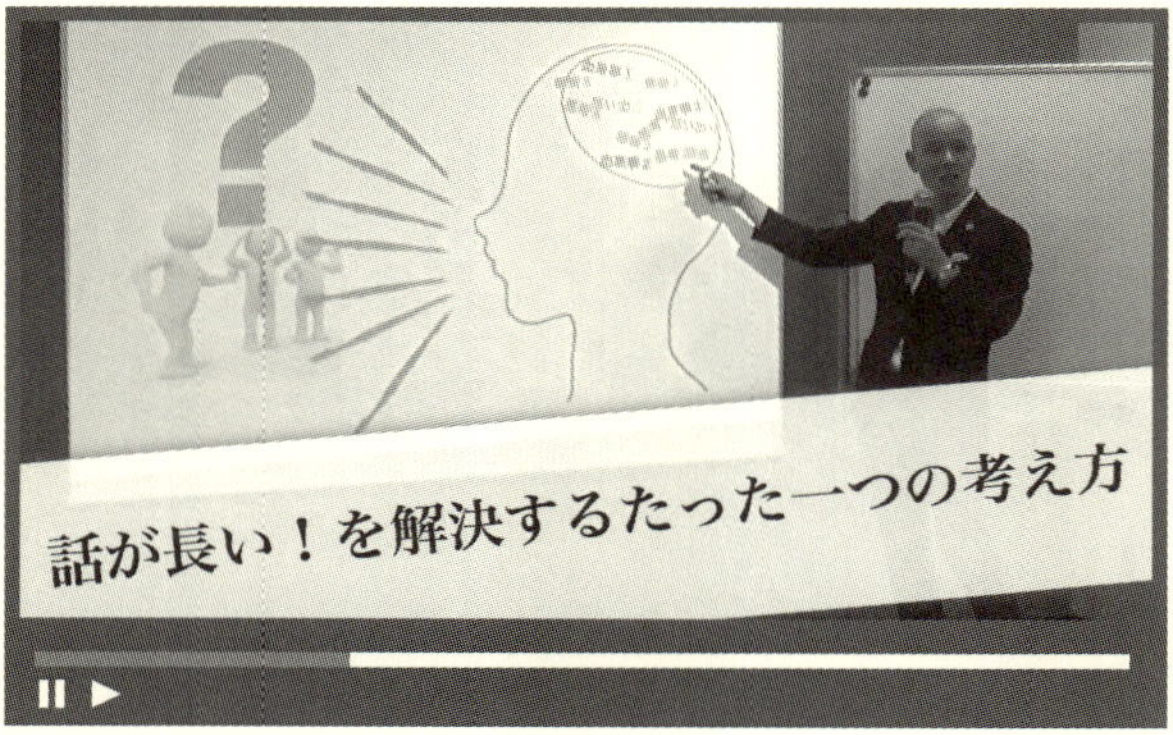

話が長い！を解決するたった一つの考え方

1-9
話をしていて、自分の話は聞き手に響いていないなと感じる事が多いのですが、どうしたらよいでしょうか?

まず、自分が話している時に聞き手に響いていないなと感じること自体は素晴らしいことです。スピーチをする時には、「**聞き手の言葉にならない声**を聞き取る力」が非常に重要であるからです。

日常会話であれば、話し手が何を言っているかわからない時に、「ちょっと待って。それどういう意味?」と質問したり、大きく首をかしげて「意味がわからない」と表現してくれることがありますが、一対多の場面では、聞き手は話し手が何を言っているかわからなくても、質問をしたり意思表示をすることができない状況にあります。

つまり、話し手には、聞き手が話を理解できているかどうかを感じ取り、**瞬時に対処する力**が必要となります。だから、聞き手の状態に気付いているということは、「聞き手の頭の中の疑問や不信感などを感じ取る」という第一段階をクリアしているということなのです。

第二段階は「**すくい取り**」という技術を身につけることでクリアできます。「すくい取り」とは、聞き手の頭の中に疑問が浮かんだと思われる瞬間に**補足説明を加える**ということです。例えば、話し手が専門用語を使った場合、聞き手が理解できていないという表情や態度を示したその直後に補足説明をするということ。それによって、聞き手が知らない専門用語を使ったとしても、メッセージを十分に伝えることができるということです。例えば、中学校の授業で、〝ホスピタリティ３つのポイント〟という話をしたとしましょう。９割近くの生徒が〝ホスピタリティ〟という言葉を理解できないでしょう。社会人にとって、〝ホスピタリティ〟は聞きなれた言葉だと思いますが、もともとはビジネス用語であるため、社会経験のない中学生には知らない言葉である確率が高いです。ホスピタリティという言葉を使ったとき、「なんだそれは」

という心の声が聞こえてきた瞬間に「すくい取り」をすれば良いのです。例えば、「ホスピタリティというのは、あなたが大切なお友達を自宅に招く時に、事前にするお掃除や準備をするという心や態度のことです」という補足説明をして、聞き手である中学生が「あ〜そういうことか」と頷いて表情が変わったら、「じゃあそのことを踏まえて、3つのポイントを今から伝えるね」と次の内容に進んでいくのです。そうすることで、聞き手がしっかりと話についていけるスピーチを組み立てることができます。

もちろん、聞き手がその言葉を理解しているという前提がある時には、この「すくい取り」はするべきではありません。例えば、ホテル業界の人を対象とする講演会で、〝ホスピタリティ 3つのポイント〟という話をする場面では、ホスピタリティという言葉の説明を始めてしまうと、聞き手は「わかってるから、次にいこうよ」と心の中で思ってしまい、話を聞くテンションが下がってしまいます。その場合には、「ホスピタリティ 3つのポイントをお伝えします」とズバリと言えば、聞き手はきっとペンを取り3つのポイントをメモし始めるでしょう。

聞き手の表情や態度を見て、聞き手の頭の中の言葉をキャッチする。疑問がある場

1-9 話をしていて、自分の話は聞き手に響いていないなと感じる事が多いのですが、どうしたらよいでしょうか？

合にはすくい取り、補足説明をするという選択肢さえ持っていれば、聞き手が置いてけぼりになってしまうスピーチにはならず、しっかりと聞き手を導きたい目的地に導くスピーチができるようになります。

関連動画はこちら

https://youtu.be/PyZnWQ5rS4Y

コミュニケーション能力を鍛える方法
- 目的を達成する話し方の秘訣

第2章 講演会でよく聞かれる13の質問

2-1 講演家の方は、同じエピソードを繰り返し話していて、自分で飽きてしまわないのでしょうか?

僕が講演家としてデビューしてから、最も多くの回数を実施した講演は、『人生で大切なことはみんなマクドナルドで教わった』というタイトルのものです。この講演は、日本全国で合わせて1000回近くやってきましたが、話す内容も順番も基本的には変わりません。つまり、同じ内容を1000回近く話してきました。でも僕は、毎回同じところで涙が溢れてきて、その涙をこらえながら講演しているんです。僕の講演会を何度も何度も見に来てくれる方からよくこんな質問をされます。

「練習も含めると何千回、何万回も同じことを喋っていると、もう話の展開は自分の中ではわかりきっているので、だんだん飽きてくる。だから、初めて人前で話した時のようなフレッシュな状態で話し続けることは難しいんじゃないか」

実際にそのような体験をしたことがある方も沢山いらっしゃるでしょう。けれども、僕は同じ内容の話をして、トーンやテンション、感情の高ぶりが下がったという経験を一度たりともしたことがないんです。それはキレイ事を言っているわけではなく、気合いや根性のような意志の力で克服しているのでもなく、明快な理由があるんです。僕は過去に起きた体験談を講演で話しているとき、体はその講演会場にいるけれども、僕の心はその過去のシーンに**タイムスリップ**しているんです。

例えば、僕が日本一最低な店長だった時、会社から人事異動を言い渡されて転勤していった青森県弘前市のお店での体験談。全く売れない赤字の店舗が、後にアルバイトスタッフさんが考えた地域密着型のキャンペーンを毎月12個ずつ打ち続けることで、売上が2・4倍になり、全国3300店舗中、「従業員満足度調査」「お客さま満

2-1 講演家の方は、同じエピソードを繰り返し話していて、自分で飽きてしまわないのでしょうか？

足度調査」「売上伸び率」の3部門で日本一に輝きます。最初にそのキャンペーンを提案してくれた、アルバイトスタッフの中山よし子さんの話をしている時、僕は自分の頭の中で彼女と出会っているんです。

数学のノートを小脇に抱え、「店長店長！　いいこと思いついちゃいました！」って言ってる当時高校生だった制服姿のよし子、小走りで駆け寄ってくるよし子、そして満面の笑みを浮かべているよし子が僕の目の前にいるんです。僕は講演の最中に、よし子にもう一度出会っているから、**その時の感情が講演の時に溢れ出ている**んです。

マクドナルドの厨房のシーンを語る時には、僕はポテトが出来上がったときのタイマーの音や、カウンターエリアのアルバイトスタッフの「いらっしゃいませ〜！」という元気な声が聞こえているんです。そして、ポテトの匂いに包まれているんです。

あのお店であのスタッフ達に出会わなければ、今の自分はいないという感情が毎回湧き起こり、僕は思わずこみ上げてくる想いを噛み締めながら、1000回の講演会をやってきました。つまり、僕にとって何度も同じ話をするということは、何度も過去にタイムスリップして、僕を救ってくれたアルバイトスタッフたちに再会するという繰り返し。その繰り返しが講演会の最中に起こっているんです。
どうでしょうか？ 今までに出会って、本当に感謝している人に対しての感情が、繰り返し話していくにつれ、時間が経つにつれて色褪せたりするでしょうか。僕は反対です。僕は何度も何度も「あの子に出会わなかったら」「この子に出会わなかったら」と思う度に、その思いはどんどん大きくなっていって、堪えようもない感情が湧き起こってくるんです。

講演会では、過去の体験談を人前で話します。何度も何度も繰り返し同じ話をします。でもその度に過去にタイムスリップして、毎回毎回があたかも初演であるかのように感じる講演をすることができる。これこそが本当のプロの講演家の講演スタイルなんだと思っています。僕はこれから同じ話を1000回しようが、2000回しようが、毎回毎回この感情の高ぶりを感じながら、講演活動を一生続けていくことを確信しています。

2-1 講演家の方は、同じエピソードを繰り返し話していて、自分で飽きてしまわないのでしょうか？

関連動画はこちら

https://youtu.be/xsfJ-ZC42pQ

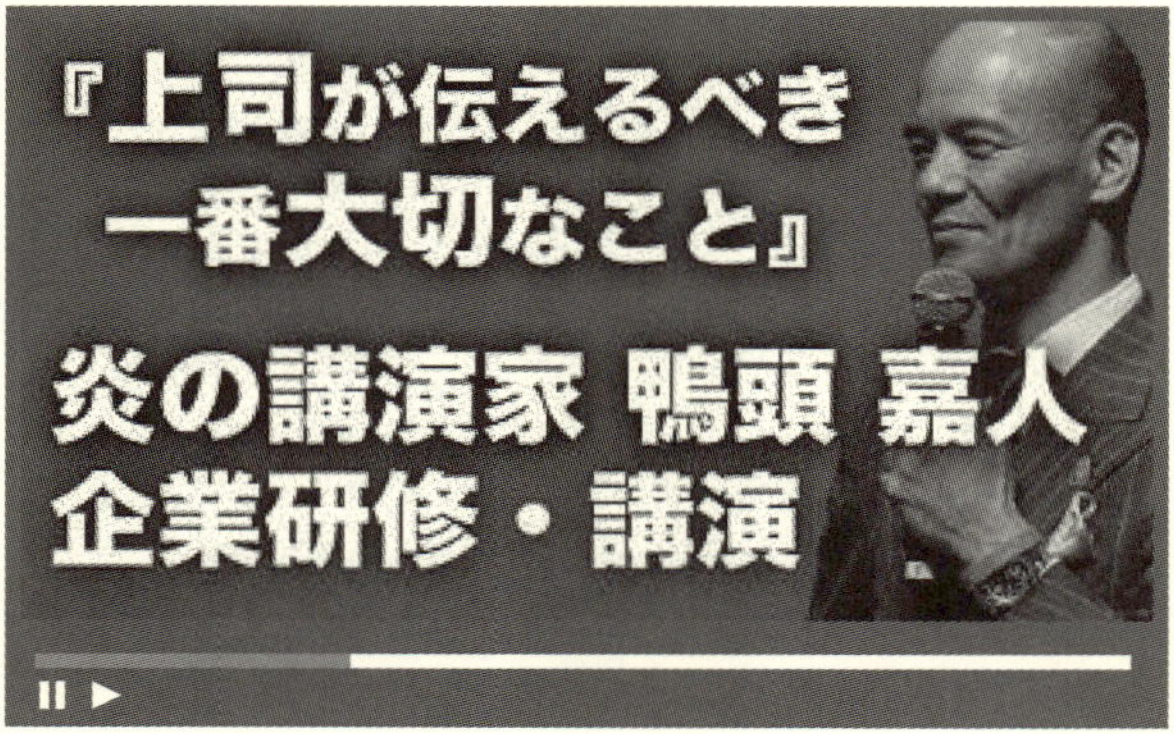

『上司が伝えるべき 一番大切なこと』

講演会

2-2 聞き手の興味を喚起して、聴衆を惹きつける話をするコツはありますか？

聞き手を惹きつける話をするコツは、大きく分けると3つあります。

1つ目は、「**話の内容（コンテンツ）の組み立て方を工夫する**」というものです。人間が受け身の状態でただ話を聞いているときの集中力は、約5分で途切れると言われています。2時間半の映画を見終わった後に、「物語に引き込まれて、あっという間に終わった！」という感覚を持ったことはないでしょうか。映画はテレビと違って、途中にCMが入りません。だから、映画の作りの中では必ず5分に1回、想定外の展開や場面の切り替えを入れているのです。

それをスピーチのコンテンツ、つまり物語の中でも5分間に1回、「えっ、どうして？」という大きな疑問が湧き起こったり、「えっ、そんな事があるの？」という驚きがあったり、共感や感動という聞き手の心が大きく揺れる展開を作っていくことで、聞き手がついつい引き込まれてしまうスピーチを作ることができるんです。それが例え30分のスピーチであろうが、2時間の講演であろうが関係ありません。聞き手は集中力が途切れないまま、あなたの話に「うっ！」と引き込まれます。そして、感情が大きく揺れるものを入れることによって、ずっと引き込まれっぱなしの状態をつくることもできます。

2つ目は、「**表現力（デリバリー）を工夫する**」というものです。デリバリーに関するテクニックは数え切れないほど沢山あります。「90分の講演の中で聴衆が引き込まれるデリバリーの技術を何個使っていますか？」と質問されれば、僕の場合は「50個以上」と答えます。それだけたくさんの数がありますが、最も効果的で最も汎用性のある技術の一つが、「間を使う」ということです。

〝間〟というのは、**何もない時間**と思っている方が多くいると思います。けれども、〝間〟には大きな意味が含まれているんです。例えば、講演やセミナーの途中で、聴衆に質問を投げかけた時、その直後の〝間〟は、「聞き手が質問に対する答えを自分の頭の中で考える時間」という意味があります。そして〝間〟の使い方に関して「どれくらい間をあければよいのでしょうか」という質問を受けることが多々あります。結論から言うと、「質問の質に応じて使い分ける」が答えとなり、例えば「今日のランチに何を食べましたか?」のようなものすごくライトな質問であれば1、2秒で十分でしょう。「最近あった嬉しかったことって何でしょうか?」というような、少し過去をサーチしにいく質問であれば、5秒程度必要になります。そして、「今までの人生で最も感謝している人は誰ですか?」というような、幼少期から今までの人生全てをサーチしないといけない質問であれば7秒程度、長い時は10秒以上と、ラジオやテレビでいうと放送事故レベルとも言えるような時間を使う必要があります。

適切な〝間〟を使うことによって、聞き手が**「受動的」ではなく、「能動的」に変わります**。能動的に話を聞くということが、まさに『話に引き込まれている』という状態を表します。聞き手を飽きさせない、聞き手を惹きつけるために、〝間〟は非常に効果的な技術なのです。

そして3つ目は技術を超えたもの。言葉にするならば、「話している自分自身が、自分の話している内容に心を揺さぶられ、自らの心の動きを聞き手に伝播させる」というものです。少し言葉は悪いですが、話し手が聞き手のことを「うまいこと操作して感動させてやろう」と思って技術を使っている時、どんなにいい話をしても、どんなに上手いこと話をしても、聞き手を惹きつけることはできません。想像してみてください。話し手が「上手く話そう」と思って話をしているとき、動いているのは「心」ではなく「頭」ですよね。つまり、スピーチする本人が頭を使って聞き手を動かそうとしている時は、聞き手の心にメッセージは届かずに、聞き手の頭に届きます。すると聞き手は、話の内容はしっかりと理解はできますが、惹きつけられるという感覚は持ちません。それは、〝惹きつけられる〟というのは頭で感じるのではなく、心で感じる感覚のことを表現したものだからです。つまり、**頭で考えたスピーチは聞き手の頭に届き**、話し手が**心でスピーチをした場合、聞き手の心に届く**のです。

では、どうやったら話し手自身の心が揺れるようなスピーチができるようになるのでしょうか。

まず大前提として一番大切なことは、スピーチの内容が「自分の過去の実体験である」ということです。本で読んだ内容や、テレビドラマで見たこと、どこかのセミナーで聞いたいい話を話しても、相手の心には響きません。「いい話だったから伝えよう」としている間は、頭で考えて喋っているからです。けれども、自分自身が過去の体験の中で「本当にあの人との出会いがなかったら、今自分はここにはいない」と、自分が実感した内容を振り返って、過去にタイムスリップしながらその時の感情を味わいながら話している時は、**話し手の心が揺れている状態**になるのです。そして、自分の過去の実体験と繋がっている度合いが大きければ大きいほど、聞き手の心の深いところまで、あなたのメッセージは届いていきます。

だから、聞き手を惹きつける話をこれから先どんどんしていきたいと思う方は、「日常生活で、どれだけ自分が心を揺らして生きられるか」に意識を向けてください。その質が高くて量が多ければ多い分だけ、聞き手の心に届いていきます。是非、日常生活の中で自分の心を揺らす生き方・過ごし方を意識してみてほしいと思います。

▶ 関連動画はこちら

https://youtu.be/G5Vbm71O-LY

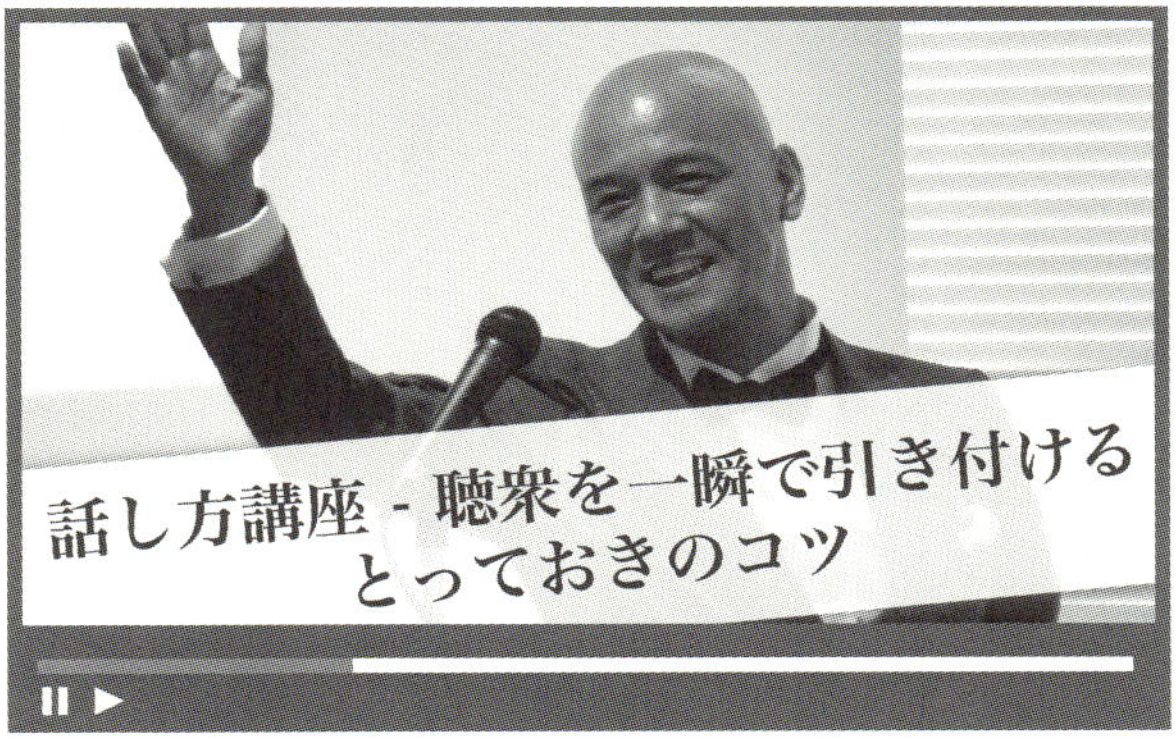

話し方講座 - 聴衆を一瞬で引き付ける
とっておきのコツ

2-3 どうやったら人を感動させられる話ができるようになりますか？

「なんでこんなに感動する講演ができるんですか？」

「私も人を感動させるようなスピーチがしたいのですが、どうやったらそれができますか？」

ありがたいことに、こんな質問をたくさん受けることがあります。そんな時、僕はこう答えているんです。

「人を感動させるスピーチはこの世の中にはありません」

するとと、質問者は必ず聞き返してきます。

「えっ!? でも、今日の講演すごく感動しました。今まで私はセミナーで泣いたことなんかなかったのに、思わず涙を流してしまいました。それって感動するスピーチってことなんじゃないですか? 感動のスピーチを、講師である鴨頭さんがしようとしてるから、できたことじゃないですか?」

そのときには、僕はもう少し丁寧に回答します。

「ありがとうございます。でも、人を感動させるスピーチはこの世の中にはないんです。ですが、もしも今日あなたがこの講演を聞いて感動してくださったとするならば、それは僕が感動させようとして話しているからではなく、話している僕自身が感動しているからなんです。僕の想いをあなたが受け取って、あなたの心が動いたんだと思うんです。

もしも僕が、『よ〜し! この話でみんなを感動させるぞ!』と思って話していたら、きっとあなたは感動していなかったでしょう。『あっ、この人今、私たちを感動させようとしているぞ』ということを受け取ると思うんです。でも僕は、みなさんを感動させようと思って話しているのではありません。僕自身が、僕自身のスピーチの内容、いや、自分が過去にさせてもらった体験を、その体験している時間を、その感覚を思い出して、僕自身が感極まってしまっているんです」

人間には、**共感性**という凄い才能が眠っているんです。これは他の全ての動物が持っている能力ではなく、いわゆる高等動物だけが持っている脳の機能であると言われています。現在この地上にいる動物の中で最も高等な脳を持っていると言われている人間は、地球上で最も共感性の高い動物です。僕自身が感動している姿を見た時に、共感性の高いあなたが僕の想いを受け取って共感したからこそ、感動が伝わった。いや、感動が〃移ってしまった〃ということが起きているのです。これは日常生活の中でもよく起きています。例えば「もらい泣き」という現象も同じです。目の前の人が感極まって泣いている姿を見て、共感性が働いて自分の中に響いて共鳴するからこそ、自分のことでもないのに人のために泣いてしまうんです。そしてこれは、涙を流す時だけに起きるものではありません。

こんな実験があるそうです。Aさん、Bさんの2人が部屋の中で会話をしている時、Aさんが突然笑い始め、そしてずっと笑い続ける。その姿を見てBさんがどんな反応を示すかを観察するというものです。Bさんは最初驚いて、「なんで笑ってんだ?」と不思議そうな表情を浮かべています。けれども、それが長く続くと、Aさんが笑っている理由がわかったわけでもないのに、だんだんと笑顔に変わっていくそうです。「どうして笑ってんの?」と声に出して問いかける時も、その表情は笑顔になっている。笑うということに限らず、「人間の共感性は、喜怒哀楽全ての感情に対して働く」ということも証明されているそうです。

僕は人前で話をする時、毎回自分自身に言い聞かせていることがあります。それは、「人前で話す時は自分自身が大きく心を動かして、喜怒哀楽の感情表現にブレーキをかけずに開放する」ということです。

講演会が面白かった、スピーチに感動したと感じる根本は、いかに話し手が感情を大きく動かしているかにかかっているんです。**話し手が心を開放する**と、聞き手の感情も大きく揺れ動かされて開放される。これは単に「涙が出た」「感動した」「面白かった」というわけではなく、魅力的な話の最も根本にある原理原則なんです。

だからこそ、聞き手にとって面白い話をしたいと思ったら、まずは自分自身が感情を大きく動かし、ブレーキをかけずに開放する。そしてこれは、日常生活から意識的に訓練しておけば、いざ人前に立ったときにも自然に実践することができます。キッカケは人前で話す時、『聞き手に喜んでもらうため』だったかもしれませんが、結果的に感情表現にブレーキをかけないというこの取り組みは、あなた自身の人生を豊かにする取り組みとぴったり繋がっています。だからやらない手はない！　人生を豊かにする素晴らしい取り組みに、チャレンジしてみませんか。

▶関連動画はこちら

https://youtu.be/F22g518hgW8

心を動かす・感動スピーチの授業

2-4 どうやったら笑いをとれる話ができるようになりますか？

スピーチの中だけではなく、日常会話でも職場での会話でも、どんな時でも「笑い」があれば、「本当にこの時間を過ごしてよかったな」と感じますよね。笑いは人間にとって、とても価値があるものです。

けれども、スピーチの世界において「笑い」を追求することは、最も難しくレベルの高い技術が必要になります。僕自身、講演会の中で聞き手の方が楽しく飽きずに長時間のセミナーを聞くことができるように、「笑い」をできるだけふんだんに盛り込もうと努力・研究してきました。その中でたどり着いた、ある1つの結論をお伝えします。

『講演会に笑いはいらない』

多くの方が「笑い」というと、聞いている人が腹を抱えて笑ってしまうような、ものすごく面白い話を想像します。けれどもこれは、講演会やセミナーにおいては最も危険な考え方です。なぜなら、誰もが必ず大爆笑してしまうような話は、この世に存在しないからです。

例えば、笑いのプロであるお笑い芸人さんのネタを思い返してみてください。どんなに一世を風靡した芸人さんのネタであっても、月日が流れたり聞き手の年齢層が違えば、全くおもしろくない話に変わってしまいます。笑いには、「必ずこの話をすれば笑いがとれる」という法則が存在しません。そして、聞き手だけではなく会場が違えば空気がガラッと変わってしまう講演会では、「あれっ、こんなはずじゃなかったのに」という予想外の反応が起きがちです。ライブ感が命の講演会では、「笑いを取ろうという発想をまず捨てることから始めてみるべきだ」というのが僕の結論です。

けれども、「笑い」を諦めろというわけではありません。笑いはあったほうが絶対に良いのです。では、講演会やセミナーで取りに行ってもリスクにならない、そして講演会やセミナーの質を高めるのに効果的な「笑い」とはどんなものでしょうか。

それは、ちょっとだけ笑える〝**許可の笑い**〟です。大爆笑ではなく、クスッと思わず笑ってしまう軽い笑いこそが、講演会やセミナーで最もリスクが少なく狙うべき笑いなんです。そして、クスッと笑える〝許可の笑い〟は、「聞き手が頭の中で思っているけれども、口にできないことを、講師が言葉にする」という方法で作り上げることができます。

講師の話がスベってしまった時に、「あっ、今ここ笑うところですよ」という言葉を講師自らが言うと、クスッとついつい笑ってしまった経験はありませんか。これは、聞き手が笑うことに対して自分に許可を出すことができて、クスッと笑いが起きているんです。

僕の場合であれば、ステージに強力なスポットライトが当たっている時に、「皆さんこんにちは！」と挨拶をして、「皆さん大丈夫でしょうか？　少し眩しくはありませんか?」と続けることがあります。ただでさえも眩しい強めのスポットライトが、僕の頭を照らすことでさらに輝きを増している！　聞き手は心の中では思っていても、口には出せませんよね。でもそこですかさず僕がそれを口にする。聞き手に「笑ってもいいんだ」という許可が降りて、クスッと少しの笑いが起きるんです。

練りに練ったとっておきのネタを披露して大爆笑を起こすのは、笑いのプロであるお笑い芸人が成し得る神業です。講師の役割は、「聞き手に気付きや学び、日常生活で使える解決方法をプレゼントすること」にあります。笑いはあくまでそのための〝エッセンス〟。聞き手の脳が疲れた時に、刺激を与えるという補助的な役割に過ぎません。そのことを忘れずに、聞き手に〝許可の笑い〟をプレゼントするということを考えてみて下さい。

▶関連動画はこちら

https://youtu.be/7xOT6jUuuJY

鴨頭嘉人の Q&A「笑いを取るコツ、
笑わせる話し方と方法とは？」

2-5

どうやったら部下や同僚をやる気にさせる話ができるようになりますか？

「どうやったら部下や同僚をやる気にさせる話ができますか」
「人のやる気スイッチって、どうやったら見つかるのでしょうか。そしてそのスイッチ、どうやったら押せるのでしょうか」

多くの経営者や管理職の方たちから、こんな質問をしていただくことが本当に多いです。どんな部下でも同僚でも、彼ら彼女らのやる気スイッチを押すことができる技術を手に入れることは、マネジメントをする立場にいる方々が長年求め続けていることであり、永遠のテーマでしょう。もちろん、そのノウハウや技術は世の中に存在します。

ただ、「これさえ話せばすべての人のやる気が上がる」という魔法の言葉が存在するわけではなく、人それぞれの心に火がつく言葉や表現が無数に存在するというのが現実です。皆さんの中にもありませんか? 自分の心のやる気スイッチを押してくれる、とっておきの言葉。僕にはあります。僕の場合は、

「承認」という言葉が、自分のやる気スイッチを入れるキーワード。

「勇気」という言葉が、自分の心をあたためてくれるキーワード。

「挑戦」という言葉が、一歩踏み出す原動力になるキーワード。

きっと見つかるはずです、自分の心のスイッチを入れる"my word"が。まずは、あなたの"my word"を探してみてください。そして、「部下や同僚はどんな"my word"を持っているんだろう」ということを日常的に意識して探してみてください。

人それぞれの"my word"を、自分が話す時に使えるようになれば、やる気スイッ

チを押すことができるようになります。もちろん、部下の人数が多い場合や、配属されたばかりの部下のやる気を引き上げる必要がある場合は、一人ひとり全ての〝my word〟を話すことは現実的には難しいと思います。そんな時には、とっておきの方法があるんです。

それは、「話し手である自分が最もやる気スイッチの入る〝my word〟で話をする」という方法です。聞き手はもちろん、自分に関係のある話を聞きたいし、自分に有益な情報を聞きたいと考えています。ひとりよがりな話をしても仕方がないと思うでしょう。もちろんそれは間違いではありません。けれども覚えておいて欲しいことがあるんです。

聞き手が受け取っているのは、言葉だけではありません。話し手が発しているエネルギーも同時に受け取っているのです。だからこそ、同じ話を聞いたとしても、Aさんが話した時には全く心に響かなかったけれども、Bさんがその話をした時にバチンとやる気スイッチが入るということが起き得るのです。それは、言葉だけが話し手から聞き手に届いているのではなく、話し手がエネルギーを発していて、聞き手がそれを受け取っているという証拠です。

だからこそ、まず見つけるべきなんです。あなたの〝my word〟を。部下や同僚それぞれの〝my word〟を見つける前に、「まずは自分自身のやる気スイッチが入る話をする」ということが重要なんです。話し手である、あなたのやる気・エネルギーが聞き手に届き、共感・共鳴の瞬間が訪れます。

僕自身、部下や同僚と話す時、講演会で聞き手にメッセージを伝える時、常に自分の心のエネルギーがＭＡＸになることに重きをおいています。そして、相手の心のやる気スイッチが入る〝my word〟を探す努力を日々、積み重ねています。皆さんも一緒に、自分の心のやる気スイッチ、聞き手の心のやる気スイッチを入れる〝my word〟を探し、エネルギーを高めていくチャレンジをし続けていきませんか。

▶関連動画はこちら

https://youtu.be/h3jsyLN2pc4

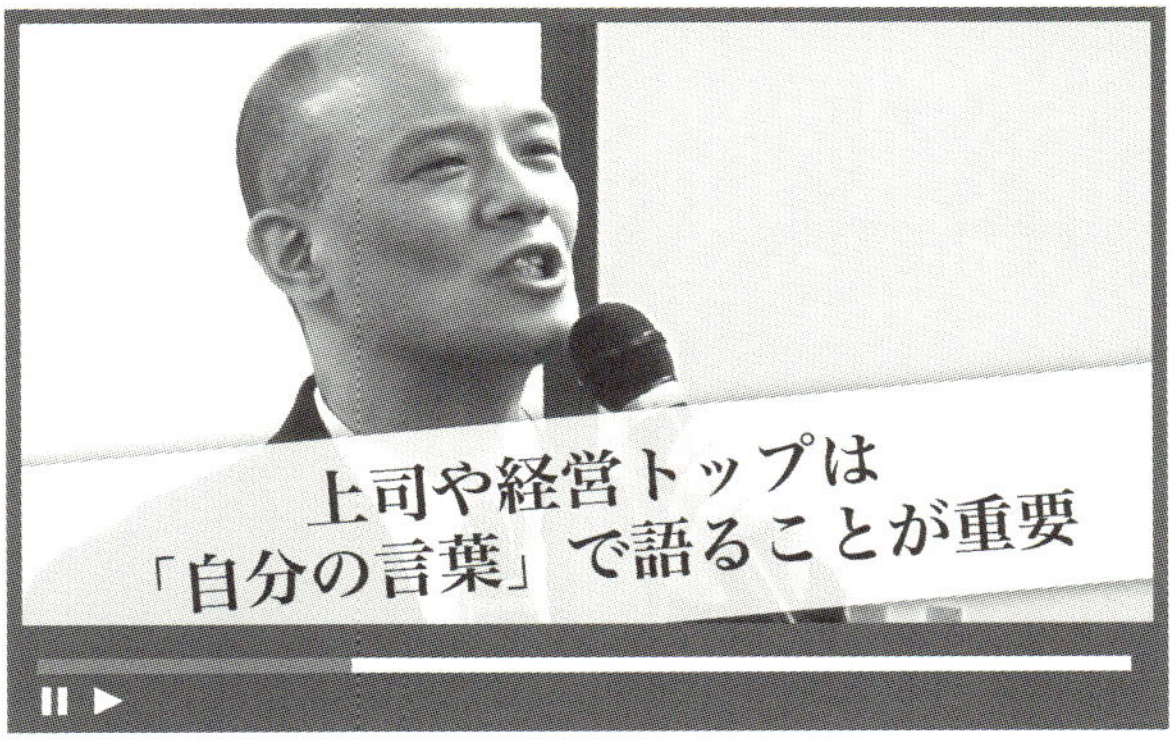

上司や経営トップは
「自分の言葉」で語ることが重要

第2章
講演会でよく聞かれる13の質問

2-6

例え話が豊富だと感じました。話の引き出しを一体何個持っているのでしょうか？

まず大前提として、わかりやすい話、つまり聞き手が飽きない話ができるかどうかは、「例え話」の質の高さで決まります。例え話がわかりやすいと、ものすごく理解度が深まり、例え話が面白いと、スピーチに引き込まれて「次はどうなるんだ？　その次は？」と、ずっとワクワクした状態が続きます。効果的な例え話を使うことによって、聞き手が感情を動かしながらスピーチを聞くという状態を作り出すことができます。つまり、**『例え話を制する者が、スピーチを制する』**のです。

では、どうやったら例え話がいつでもどこでも出てくるような状態になるのでしょうか。それは、「引き出しの数」を増やすしかありません。あなたが何かを説明する時、誰かに何かを伝えたいという想いが湧き起こった時に、その理解を深めるためのエピソードがもし引き出しの中に入っていなければ、例え話はしようがないのです。

では、どうやったらこの引き出しの段数が増えて、その引き出しの一段一段にぎっしりとたくさんのエピソードを収納することができるのでしょうか。これは「**日常の過ごし方を変える**」以外に方法がありません。つまり、日常を〝何気なく生きてはいけない〟ということです。例えば、電車のつり革広告の内容や、小学校の校庭で遊んでいる子どもたちの姿や、テレビのタレントさんがひな壇で話している内容や、アスリートやアーティストがインタビューを受けているときのコメントや返答の仕方など、その全てが例え話の種になります。

「自分が何かを伝えたい時に使える例え話の種はないだろうか」と、日常の中でアンテナを常にビンビンに立てておく必要があるんです。

つまり、アウトプットすることを前提に日常生活を過ごして、インプットの量と質を高めていくことが何よりも大切なんです。大切なことは、日常を「**アウトプットモード で生きる**」ということです。いざ人前で話す時に考えるのではなく、人前で話していない時にも、人前で話すことを前提に日常を生きるんです。そうすることで、人前で話すためのコンテンツが、受信のアンテナに引っかかってくるようになります。だからこそ、日常を何気なく生きるのではなく、常に話すことを前提に生きることが必須になります。

お笑い芸人の千原ジュニアがテレビでこんな話をしていました。
「お笑い芸人の周りでだけオモロイことが起きてるんやない。すべての人の日常の中で面白いことが起きている。でも、私ら芸人は〝面白い話をすることを前提に〟その日常を生きているから、芸人の周りでは面白いことが多いように聞こえるんや」

まさしくその通りだと思います。人に勇気を与えたい、希望を与えたい、元気になってもらいたい。そう思っている方は、世の中のあらゆる出来事が、「勇気を伝える例え話」「希望を伝える例え話」「元気が出るための例え話」に溢れているということを前提に、アンテナをたてて、日常を過ごしていきましょう。そうすることで、初めて、例え話ができる準備が整ったということになります。

けれども、これだけでは不十分なんです。日常の中で沢山の気付きがあったとしても、実際にスピーチをする時にその例え話を引き出しから出すことができなければ意味がありません。「何かあった。確かいい例え話があったはずだ」と言って引き出しをガチャガチャと開けようとする音が、頭の中にこだましている段階では、聞き手に価値を届けることはできないんです。どうやったら、いつでもどこでも自分が伝えたいこととピッタリな例え話を、引き出しの中から取り出して、聞き手に価値を届けられるようになるのでしょうか。

実はこれは「訓練」しかありません。常に例え話を話すということを、繰り返し繰り返し実践して、少しずつ熟練度を高めていくしか方法がないんです。では、どうやったらその熟練度をより効率的に高めることができるのでしょうか。それにはとても効

2-6 例え話が豊富だと感じました。話の引き出しを一体何個持っているのでしょうか？

果的な方法があります。自分が何かを伝えたいと思って、日常会話の中で話し始めた時に、「例えば」と**まずは言ってしまう**んです。

友達とカフェに行った時、家族に今日一日あった出来事を伝える時、会社の中で部下に仕事の説明をする時、もっと相手に「わかってほしいな」という感情が湧き起こった時、まだ例え話が浮かんでいない段階で、「例えば」と口にしてしまいましょう。もちろん最初は、急に例え話は出てきません。熟練度が高まっていないからです。でもそれでも「例えば」と言ってみてください。なかなか出てこなくて「えーっと、例えば」「うーんと、例えば」そう言ってとにかく粘ってみてください。それでも出てこなかったら「ちょっと出てこなかった（笑）」と、素直に謝ればいいんです。

「例えば」「例えば」と繰り返し言い続けている時に、引き出しの奥底にしまわれたものを出そう出そうと、**あなたの脳がトレーニングを始めます**。これを繰り返していくと、引き出しの中身が急に顔を出す瞬間にめぐり合うことができます。

『例え話を制する者が、スピーチを制する』

日常会話で「例えば」ととりあえず言ってしまうという取り組みは、全く無駄にならない価値ある取り組みです。是非、日常の中でアンテナをたて、何気ない会話の中でまず「例えば」と言ってしまう。この２つのステップを繰り返してみてください。

2-6 例え話が豊富だと感じました。話の引き出しを一体何個持っているのでしょうか？

▶関連動画はこちら

https://youtu.be/KymncuZlyzM

すごい教師の特別授業

鴨頭嘉人、小学校で１日熱血教師

第2章
講演会でよく聞かれる13の質問

2-7 講演会の前に必ずやっている「儀式」のようなものはありますか？

これはおそらく講師のタイプによってかなり違いが出るものでしょう。例えば、僕が講演家になるキッカケを与えてくれた、僕が大尊敬する大嶋啓介さんは、まるで本番前のアスリートのように、楽屋の中で一人になって目を瞑り、集中力と緊張感を高めています。その他にも、身体を最も良い状態にするために、柔軟体操や軽い筋トレをして、身体を動かし温めてから講演に臨む方もいらっしゃいます。

僕の場合は、大嶋さん同様、緊張感を高めるようにしていますが、手法が全く異なります。僕は人と会うことで自分のテンションが高まり、身体も心も状態が良くなっていきます。なので、僕は可能な限り講演会場の入り口や受付の前に立って、講演会に来てくださった方と挨拶を交わして握手をして、積極的に名刺交換をするようにしています。

「今日はどこからいらっしゃったんですか？」と聞いた時に、会場が東京のセミナーでも「今日は鳥取から来ました」とか「今日はこの講演を心待ちにしていて、大阪から夜行バスで来ました」と言ってくださる方に出会うことがあります。すると、僕のテンションがMAXになって「今日がこの人の前で話ができる最後の日かもしれない。最高の講演会にしよう！」と、心に火が灯ります。繰り返し繰り返し何十人何百人と参加者の方々とお話をしていると、講演会がスタートした時には、ゲストの方から頂いたエネルギーによって文字通り〝炎の講演家〟として情熱的で人生最高の講演会ができることを、何回も経験しています。

講演会を迎えるにあたって、テンションを高める儀式の一つが、来てくださった方とできるだけコミュニケーションを取るということであって、実は儀式は他にも沢山あります。例えば、講演会の会場に入るときには必ず、「お願いします」と言って会場の空間に対してお辞儀をして会場に入り、会場を出るときには「ありがとうございました」という風に頭を下げるようにしています。空手や柔道や剣道など、その道を究めようと修行している人たちは、神聖なる場「道場」に対して必ず頭を下げて、心を整えてからその会場に入り、そしてその場から出るときには感謝の気持ちを伝えます。

僕にとって講演会の会場は、自分がこの天職を全うするための、僕にとって**この世で最も神聖な場所**なんです。その会場が狭かろうが広かろうが、新しかろうが古くて壁紙が剥がれていようが、神聖な場であることには何ら変わりありません。必ず心を込めてお辞儀をして入り、そして出るということは僕の中での儀式の一つです。

それ以外には、会場のトイレ掃除をして、**自分自身の心を整える**ようにしています。僕もやはり一人の人間なので、正直いろんな邪念が湧いてくるんです。例えば、講演会の前にあった会社でのトラブルであったり、カミさんに怒られて凹んでたりとか、日常生活の中では人間である限り完璧であるわけではなく、想定外の出来事がたくさん起きて、心がざわざわしていることもあります。それ以外にも、ごく稀ではありますが、体調が万全ではないという時もあり、身体のことに気を取られてしまうということもゼロではないのです。

でも、今日の講演会は僕にとっては年間330回のうちの1回かもしれないけど、講演会に来てくださる方にとっては、まさに人生で一度きりの可能性も非常に高い。それが講演会なんです。だからこそ、その日常のざわざわしたものを講演会に持ち込むということは、僕にとっては許してはならないことだと自分に言い聞かせています。自分自身の心の中の邪念をスッキリ綺麗にする儀式として、会場のトイレ掃除を必ずやるようにしています。

トイレという場所が、楽屋の一番近くの場所であり、講演会の会場に密接しているため、講演会に来てくださった方が気分良く利用できるようにするためということも、もちろんトイレ掃除をする理由の一つです。ただ、正直に言うと、誰かのためにやっているのではなく、自分自身のためにやっているんです。トイレ掃除をしている時って、他のことをざわざわ考えることもなく、無心になることができます。

「沢山の人の前で講演をさせてもらえるようになったんだな」
「ずっと自分がなりたかった、憧れていた、いつか絶対になるんだって決めていた夢。講演家になること。それが叶って、まさにこれから夢の舞台に立たせてもらえるんだ」

そんな気持ちが、トイレの便器を磨きながらふつふつと湧き上がってくるんです。これは何百回やっても何千回やっても、ちゃんと湧き起こってくるんです。自分と深く向かい合い、自分を見つめることができる神聖な場所。トイレ掃除をしながら毎回思うことがあるんです。「トイレの神様って、間違いなくいるんだな」僕はトイレの神様の力をお借りして、これから初めての講演会をやるようなまっさらで澄み切った気持ちに整えてくれるトイレ掃除という儀式を行ってから、講演会に臨むようにしています。

ここで書かせていただいたことが、万人に共通する最上の講演前のセットアップだとは思っていません。是非覚えておいていただきたいことは、人前で話す時には、**自**

分の状態が最高であることこそが、あなたの話を聞いてくださる方、あなたが話す時間に貴重な命の時間を預けてくださっている方への最大のプレゼントであり、最低限のマナーであるということです。オリジナルであっても、誰かがやっている儀式をお借りしてやってみることによってでも、自分の状態を整える儀式を見つけてみてください。

▶ 関連動画はこちら

https://youtu.be/6lATplDMBXU

【成功の秘訣】炎の講演家に学ぶ

" ルーティン " の重要性

2-8

2時間の講演を、どうやって組み立てているのでしょうか？

講演会で話す内容の組み立て方については、たくさんの方から質問をいただきます。極端な言い方をすると、どんな講演会も全く同じ構成をしているんです。そう、実は講演会というのは〝**ワンパターン**〟しかないんです。

講演全体は、「オープニング」と「ボディ」と「クロージング」の3部構成となっています。もっと言うと、すべてのスピーチはこの3部構成で出来ています。つまり、3分間のスピーチであろうが、30分のミニ講演であろうが、2時間のロングスピーチであろうが、同じようにオープニング・ボディ・クロージングの３部構成として全体を組み立てます。

● Opening/Body/Closing

	効果	ポイント（聞き手の心の中）
オープニング	聞き手の状態を受動的な聞くから能動的な聴きたいに変える	「続きが気になる」自分に関係のある話だ
ボディ	メッセージ（想い、解決策など）を聞き手にプレゼントする	わかりやすい、面白い話だ「なるほどー」
クロージング	メッセージを聞き手に深く刻み込む	考え方が変わった「やってみよう」

では、オープニング・ボディ・クロージングの中で、最も聞き手の記憶に残るのはどの部分でしょうか。それは「クロージング」です。人間の記憶は、最後に聞いたものが最も印象に残るようになっているんです。例えば人と人との出会いも同じで、別れ際の印象が次にまた会いたいかどうかの決め手になります。感動を伝え続ける伝説のレストラン『カシータ』の初代店長から実際に聞いた、こんな話があります。

『初代店長はお客様にサービスをすることがすごく大好きで、「カシータ」の社長カリスマサービスマンの高橋さんに見込まれて、店長に大抜擢された人でした。初代店長は実は「普通」の人。サービスのキャリアが特別に長いわけではなく、他の人にはできないような特殊なスキルを持っていたわけでもなく、別格のリーダーシップやマネジメントスキルを持っていたわけでもなかったそうです。

そんな中、他のサービスマンと圧倒的に違っていた点が「お見送り」でした。お客さまがお店から帰る時、深々と90度のお辞儀をして、お客さまが交差点の角を曲がってその姿が見えなくなるまで、絶対に頭を上げなかったそうです。

初代店長は、「これなら経験値や特別なスキルやカリスマ性を持っていない自分にもできる！」と思って、誰かに言われるのではなく、これだけはやろうと自ら考え、自ら進んで実践したそうです。仕事でミスをしても、何かできないことがあったとしても、絶対に「お見送り」だけはやろうと思って貫き通した結果、最後まで深々とお辞儀をしているというラストインプレッションがお客さまの心に深く刻まれ、お客さま満足度ナンバーワンを取ることができました。

そして、近隣の飲食店や商店で働く人たちの間でも噂になり、「どこのお店の店長なんだ？」と店長自身が有名になるばかりではなく、「カシータ」というレストランも伝説となっていきました』

人の記憶には、**最後の事柄が一番印象に残る**んです。極端なことを言うと、スピーチの出来がイマイチでも、クロージングがビシッと決まれば、「今まで聞いたことのない、いい話が聞けたな」と聞き手に印象づけることができます。逆にどんなにいい話をしていても、クロージングがあやふやであれば、「結局何を言いたかったんだろう」と聞き手に不信感を与えてしまう。ことわざで言うならば「終わりよければすべてよし」という言葉に言い表されるように、スピーチで最も大切な部分がクロージングなのです。

では、オープニング・ボディ・クロージングの中で、最も内容が大切な部分はどこでしょうか。それは「ボディ」になります。ボディこそが、そのスピーチの中でスピーカーが伝えたいことであり、聞き手に持って帰ってもらいたい内容なんです。そして「オープニング」は、その先が聞きたい！と聞き手に思わせて、スピーカーが一番伝えたい内容であるボディをより魅力的に輝かせる役割があります。

そして、スピーチを作る際に必ず考えなければいけないことがあります。それは、オープニング・ボディ・クロージングの時間のバランスです。理想的には、なるべく長くボディを話す時間を取り、魅力的なオープニングと効果的なクロージングを短い時間で作り込む。話の内容や聞き手の受け取り方によって、時間の取り方は異なりますが、３つの時間バランスの黄金比があるんです。

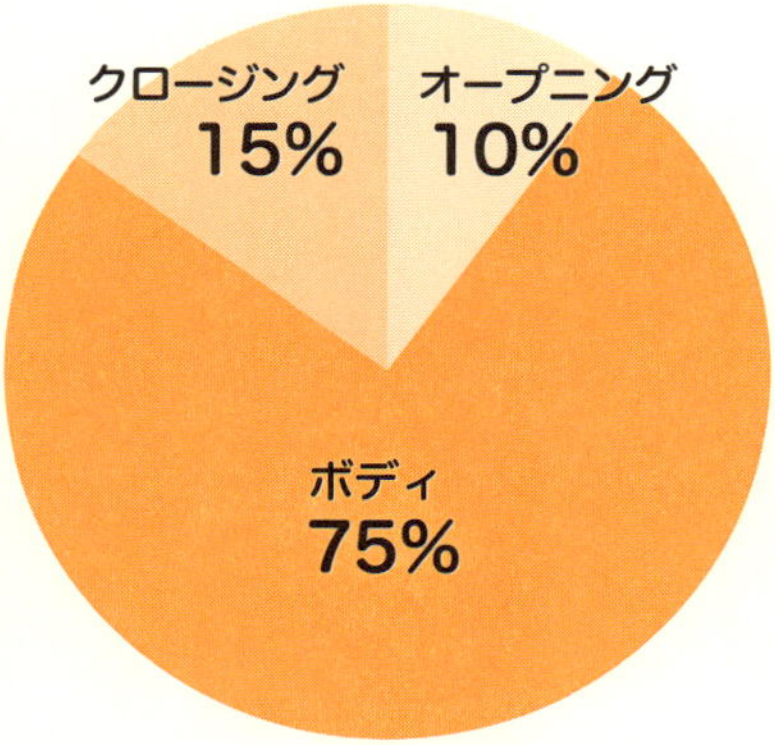

● Opening/Body/Closing のパーセンテージ

それは、オープニングが10%、クロージングが15%、残りの75%をボディに使うのが、1つの目安となります。例えば、30分の講演であれば、3分のオープニングと5分のクロージングで、残りの22分をボディに使うということ。もしも構成のバランスを整える際に迷ったら、この「オープニング10%、クロージング15%、ボディ75%」というバランスを、原稿を作る時に確認しましょう。そうすると非常に聞き手にとって聞きやすい最適な構成になりますので、スピーチをする際には参考にしてみてください。

関連動画はこちら

https://youtu.be/etuMlGtDqRM

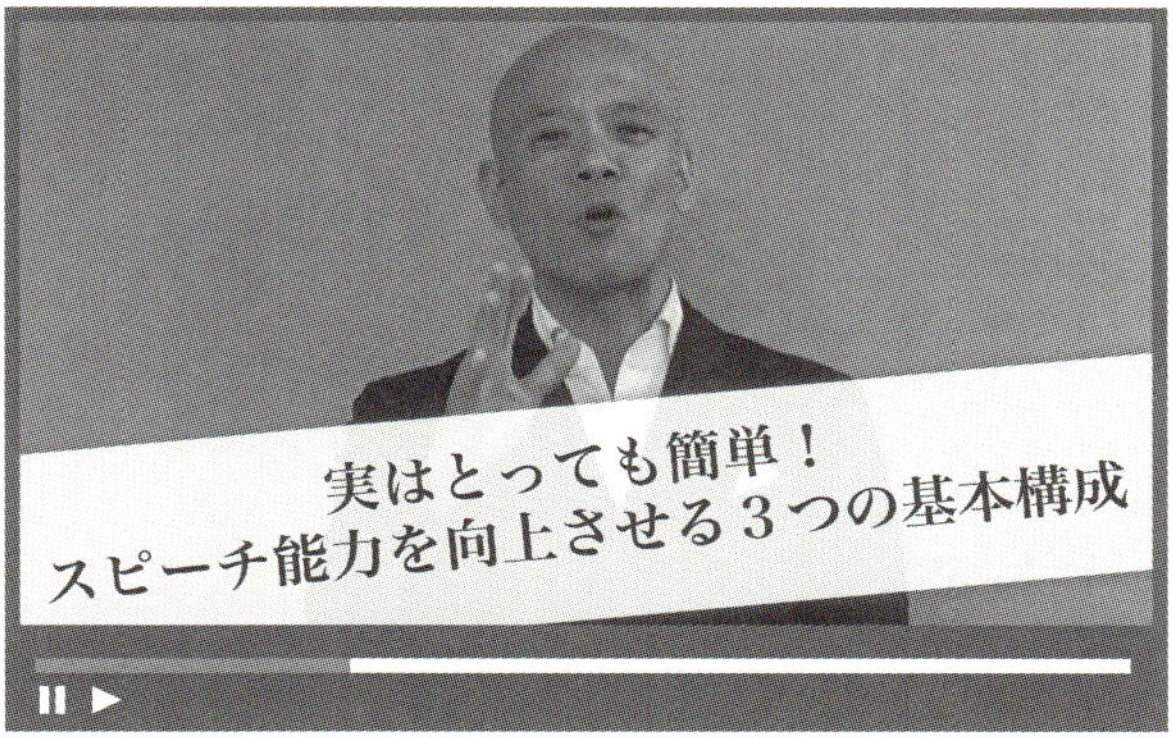

実はとっても簡単！ スピーチ能力を
向上させる３つの基本構成

第2章
講演会でよく聞かれる13の質問

2-9

2時間の講演を実施するときに、原稿はどの程度用意していますか？

原稿は必ず用意するべきです。ただ、スピーチにおける原稿の種類は1種類ではないんです。大きく分けると2種類の原稿があります。

多くの人が想像するであろうものは「フル原稿」と呼ばれるもので、全ての言葉を一言一句作り込む原稿のことを指します。5分以内のスピーチの時には、このフル原稿を作ることを奨励しています。

いわゆるプロの講演家やテレビアナウンサー以外の方であれば、1分間に約300

文字、10分間で3000文字程度喋るのが標準とされています。3000字程度の原稿であれば、丸1日寝ずに作業をしなければ作成できないということもないし、フル原稿を記憶することも不可能ではないでしょう。

　ましてや5分や3分間のスピーチであれば、絶対にフル原稿を作っておかないと内容が薄くなってしまいます。なぜならば、言語というのは同じ意味を表現するにしても、数文字程度と文字数を短くすることも、描写を丁寧にして2行3行に渡って表現することもできます。一字一句とにかく余計なものをそぎ取って、ひとつひとつの言葉を緻密に紡いでいくことで、たった3分間でも1つの物語が語れることができるくらい、ブラッシュアップすることが可能なのです。

　多くの方が「3分以内で伝えたいことを話してください」と言われると、「時間が足りなくて伝えきれません」と思いがちです。少し厳しい言い方をすると、それは単に努力が足りないだけなんです。5分以内のスピーチであれば、フル原稿を作ることによって、まるで1本の映画を観たような感覚になる非常に濃い内容を、5分間の中に収めることができるのです。是非5分以内のショートスピーチをする場面がある方

・フル原稿　・トリガー原稿

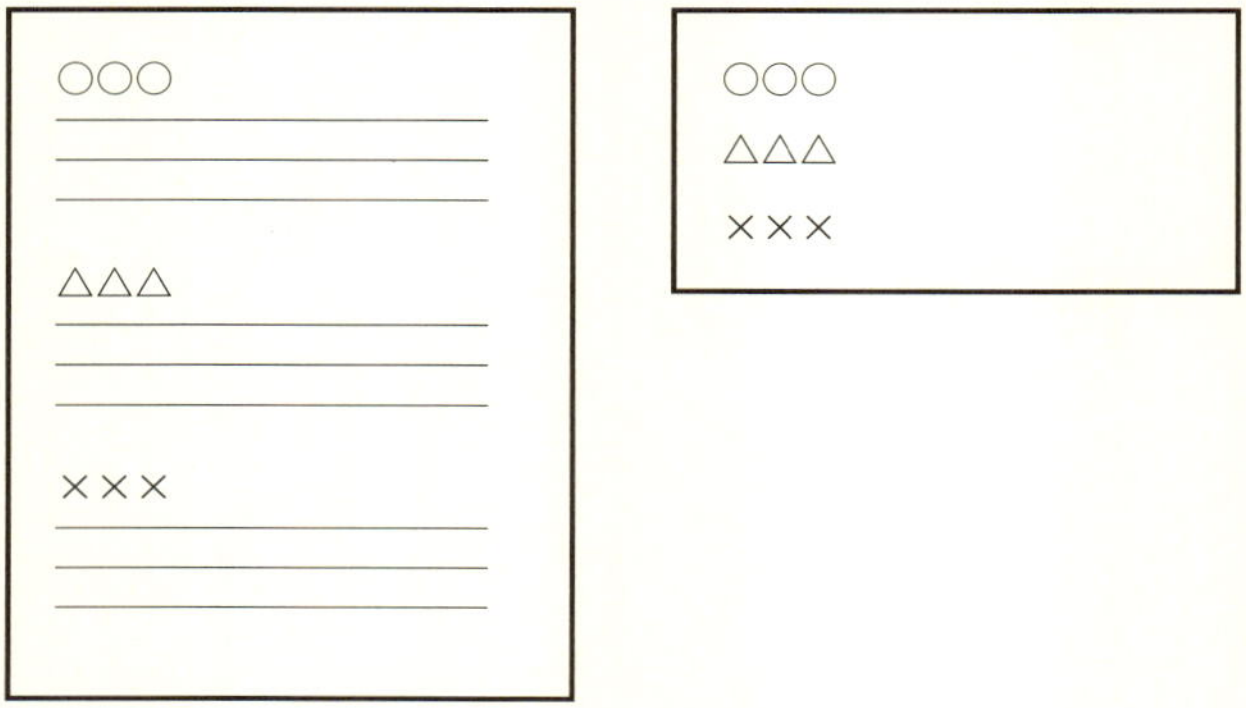

は、フル原稿を作り、さらにそこから文字数をいかに削ぎ落とすことができるのかにチャレンジしてみてください。短い言葉で内容濃く、ひとつひとつの言葉を紡ぐことで、あなたにしか語れない物語を作り上げることができます。

5分以上のロングスピーチの場合には、〝フル原稿〟ではなく、〝トリガー原稿〟という原稿を作ることを推奨しています。〝トリガー原稿〟とは、キーワードだけを並べたメモ書きのような原稿のことを指します。

ブロックごとの頭の一文や、話題に関す

るキーワードを原稿に落とし込み、その言葉を見ればその後は円滑に話し続けられるキッカケ、いわゆる「引き金（トリガー）」となるところだけを残すという原稿の作り方です。例えば、歌い慣れた歌であれば、出だしの一言目がわかれば、その後は歌詞を見ずに歌い続けられますよね。Aメロ・Bメロ・サビという3つのブロックがあれば、Aメロの出だし・Bメロの出だし・サビの出だしの部分だけを原稿に落とし込むんです。キーワードが1つ出てくれれば、その後はちゃんと歌うことができるというのが、人間の記憶データの引き出し方の特徴なんです。

ロングスピーチの場合には、〝フル原稿〟ではなく、〝トリガー原稿〟を作ることをお勧めします。理由は2つあります。

1つは、ロングスピーチのフル原稿を作るのは、あまりにも労力がかかり過ぎてしまうからです。例えば、1分間に300文字程度を話すスピーカーが1時間分のスピーチのフル原稿を作ると、300×60＝18000文字、原稿用紙45枚分の原稿を作ることになります。さらにこれを全て暗記するという作業が必要となると、きっと3日間くらい徹夜することになってしまうでしょう。

２つ目の理由は、本番でのライブ感が失われてしまうから。仮に１８０００文字のフル原稿を作りあげて、必死に練習を繰り返して内容を全て覚えたとしましょう。すると、１８０００文字分の覚えた内容を一生懸命思い出しながら本番で喋ることになります。すると、スピーカーが原稿を作ったときの状態、つまり過去の記憶を引き出しながら、その講演会の会場にいることになってしまいます。原稿に書かれた文字を思い出している時に、目の前にいるお客さまの反応に気が付き対応し、インタラクティブなライブ空間を作るというのは不可能に近い超離れ業なんです。

ロングスピーチでフル原稿を作った場合、所謂「原稿に囚われた状態」が起きやすくなります。フル原稿を作りそれを暗記するという労力もさることながら、ライブ感が失われるという記憶することによる弊害があまりにも大きいため、できるだけ記憶を引き出す瞬間を減らすための取り組みが必要となります。つまり、ロングスピーチの時には、トリガー原稿を作ることをお勧めします。

そのほかにも、原稿の作成に関する質問で、こんな質問を受けることがあります。

「原稿を書いてスピーチをすると、原稿に囚われてしまいます。もう思い切って原稿を書くのはやめて、その場で思いついたままに話す方がいいのかと思うのですが、どうでしょうか」

はっきり言います。このやり方をやっている限り、**一生スピーチはうまくなりません**。思いつきのお喋りと、聞き手に届くスピーチはまるで違うものだからです。お喋りとスピーチの違いという大前提をよく覚えておいてください。

お喋りとは「自分が話したいことを話すこと」であり、スピーチとは、「聞き手が聞きたいことを話すこと」です。どうでしょうか。その場の思いつきで話すことは、ほとんどが「自分が話したい話」ではないでしょうか。聞き手が望んでいることを、その瞬間に生み出してプレゼントできる人は、世の中を探してもそう多くはいないでしょう。だからこそ、スピーチをする時にはしっかりとした準備が必要なんです。

そして、準備を繰り返していくことで、スピーチ力は格段に上がっていきます。例えば、「聞き手が聞きたい話はどんな話であるか」ということを探る力は、スピーチしているときに身につくのではなく、スピーチを作っている時に最も鍛えられる能力です。スピーチの構成力や、言葉の強さや深さを追求するというトレーニングも、**スピーチを作っている時にしか身に付きません**。

スピーチの原稿を作るという取り組みそのものを諦めている人は、今と同じレベルのスピーチをずっとやり続けることになってしまいます。そして、聞き手の反応を見ながら、自分が届けたいメッセージをより深く届けていくという、ライブの一番の醍醐味を味わうことが一生できなくなってしまうので、スピーチをするときには原稿を作るというトレーニングを重ねるようにしましょう。

世の中には、「場数を踏めばスピーチはうまくなる」と言う人がいますが、それは大きな間違いです。**場数を踏んでもスピーチ力は高まりません**。何度も何度もスピーチの構成を練り直し、聞き手の思いに寄り添えるよう準備を繰り返し、積み重ねることによって、スピーチ力は高まります。

つまり、スピーチの本番の数がスピーチ力を決めているのではなく、スピーチの準備に取り組んだ質と量が積み重なって、スピーチ力を高めているんです。原稿を書くというトレーニングを拒否することは全くオススメできません。非常に疲れる、非常に鍛えられるこのプロセスに取り組んでみてほしいと思います。

▶関連動画はこちら

https://youtu.be/0pRrshOzbMw

鴨頭嘉人のQ&A「スピーチ原稿の書き方について教えて下さい」

2-10 幅広い業界向けに講演をしていますが、それぞれの業界の人の心に響く講演ができるのは何故でしょうか？

僕は企業向けの講演も年間で100回以上やっているので、有り難いことに多種多様な業界の方から講演会の依頼をいただいています。もともとはマクドナルドで働いていたので、サービス業や接客業と言われる業界から依頼をいただけるものかと思っていましたが、講演家としてデビューしてみると接客業にとどまらず、本当にいろんな業界で講演させてもらうようになりました。例えば、教育業や金融業、運送業、ある時は金属加工の業界や半導体やインプラントの業界など、本当に僕が今まで経験したことのない業界の企業さんに呼んでいただいています。

2-10 幅広い業界向けに講演をしていますが、それぞれの業界の人の心に響く講演ができるのは何故でしょうか？

今まで僕が業務を経験したことのない業界での講演を終えた時に、その業界の方、特にその仕事に何十年も従事しているベテランの方によく聞かれる質問があります。

「鴨頭さん、あなたはなぜうちの業界で働いたこともないのに、うちの業界で働いている人間よりもこの業界のことがわかるんだ？」

僕はそのときこう答えます。

「僕は確かにこの業界で働いたことはありません。けれども、その業界のことを**想像する力**は、その業界で働いている人よりも圧倒的に高いという自信があるんです」

僕は、講演家としてデビューしたての頃、タクシー業界での講演依頼をいただいたことがありました。僕はそこで、本心から熱く語りました。

『タクシードライバーの仕事は、本当に素晴らしいと思います。タクシードライバーは世の中の困っている人を助けるスーパーヒーローです。世の中でタクシーに乗ったことがない人って、ほとんどいないですよね。そして、タクシーに乗ったお客さまの中で、何も困っていない時にタクシーに乗っている人もほとんどいません。

例えば、急に雨が降ってきて困った時や、重い荷物があって困っている時、行き先の住所がわかっているけれども行き方がわからなくなってしまった時、身体の具合が悪い時。

つまり、タクシーを利用する時というのは困っているときだけ。ということは、タクシードライバーの方は世の中の困っている人を、1年365日24時間探して探して助け続けているスーパーヒーローなんです』

こんな講演をした時に、長年タクシードライバーをなさっている方は、「そんなこと考えもしなかった」と口を揃えておっしゃいます。そして、

2-10 幅広い業界向けに講演をしていますが、それぞれの業界の人の心に響く講演ができるのは何故でしょうか？

「なぜ鴨頭さんはタクシードライバーをやったこともないのに、私たちの業界の事を、私たちの業界の人間よりもわかるんでしょうか？」

と不思議に思って質問してくださいます。でもそれは、僕にとっては自然な事なんです。

だって僕は、タクシードライバーとして働いたことがなくても、タクシーに乗ったことがあるからです。そして、多くの人はタクシーに乗っているときに、お客さんとしてだけタクシーの中にいるのかもしれないけれども、僕はお客さんである時に〝タクシードライバーの仕事の価値ばかりを考えて〟タクシーに乗っているんです。

「タクシードライバーの人がいなかったら、今自分はどれだけ困っただろう？」

そんな風に**想いを馳せる生き方**をしています。なぜ僕がこんな想いで日常を過ごしているのか。それは、僕が独立したときの主な活動であった〝Happy Mileage〟が根本にあるからです。

Happy Mileage
Happy Mileage

Happy Mileage
Happy Mileage
駅前
酒場

Happy Mileage

2-10 幅広い業界向けに講演をしていますが、それぞれの業界の人の心に響く講演ができるのは何故でしょうか？

このHappy Mileageという活動は、お客さまがサービスを受けた時に、そのサービスをしてくれた人に「ありがとう」という感謝の気持ちを、カードを渡すことによって伝える活動です。世の中全ての人が、サービス業で働く人にこのカードを渡すようになれば、働いているすべての人が自分の仕事の価値に気付くことができる。そして、生き生きと働くことができて、自分らしさを存分に発揮できる社会を創り出せるに違いない！　そう思って独立してから今もなお6年間やり続けている活動です。

このHappy Mileageのカードは、今現在全国で約24万枚配られています。たくさんの仲間とともに地道に草の根運動として続けている活動ですが、僕はこのカードを1万枚以上配り続けています。カフェに行った時も、タクシーに乗った時も、コンビニエンスストアに行った時にも常に、

「この人はなぜここで働いているんだろう？」

「もしもこの人がいなかったら、自分はどれだけ困っているんだろう？」

「この仕事の価値って何なんだろう？」

ということを常に考え続けています。そのことが昂じて、接客業のみならず、普段

人の目に止まる事のないところで働く人のことも考えるようになっていきました。

すると、携帯電話を見ると、携帯電話のある一部の部品を作っている工場で働く人のことを考えるという想像力を働かすこともできるようになりました。ディズニー映画を見に行った時、このアニメを作ったクリエイターの方が、どれだけの時間やエネルギーを使って、この人物や背景を描いているのか。BGMを作っている方が、どれだけこのシーンを見た人の感情が動くように一音一音を整えながら、感性を研ぎ澄まして曲を作っているのか。制作プロデューサーの方が、その絵と音楽を、どのタイミングで組み合わせた時に、最も見てくれている人の感情が動くのかを全身全霊をかけて考えているのか。その全てのスタッフの「この映画を見に来てくれた人に、最高の価値を届けよう！」という想いと不断の努力が結晶となって、今自分の目の前に現れているということを想像できるようになりました。

僕は今では、全ての業界の価値をその業界で働かなくても想像する力が身についているんだって感じています。でもこれは、僕だけが持っている特殊能力ではありませ

2-10 幅広い業界向けに講演をしていますが、それぞれの業界の人の心に響く講演ができるのは何故でしょうか？

ん。日常的に想像力を働かせるという積み重ねが引き起こす、汎用性のあるスキルです。人前で話す機会がある方は、聞き手の方の日常を想像する力を養う事によって、忘れられない珠玉のメッセージを届けることができるようになるのです。

僕が主催している話し方の学校では、生徒さんにこんな宿題を出すことがあります。

「通勤電車の中で、目の前の乗客の日常生活を想像してみよう」

たまたま乗った電車で、たまたま目の前に座った人の日常を勝手に想像するという宿題です。例えば、目の前に座っているサラリーマンの人を見たとしましょう。

「平日の日中、大きな黒いカバンを持ってネクタイをしているスーツ姿の男性かぁ。営業の人なのかもしれない。靴はきれいに磨かれているけど、よく見ると靴底はすり減っている。どれだけ彼は、営業マンとしてたくさんのクライアントに足を運んでいるんだろう。

時には門前払いを食らうこともあるかもしれない。自分の想いをうまく届けられなくて、クライアントから会社に帰る時、涙を流すこともあるかもしれない。それでも、愛する家族のために、一度商談を断られたクライアントのもとに今、向かっている途中かもしれないなぁ」

そんな風に勝手に想像することによって、それが当たっているか間違っているかではなく、その想像力が高まって、目の前にいる人の日常に想いをはせる力が本人の中で蓄積されていきます。実はこの想像力は、決して講演やスピーチのときだけに役立つ取り組みではありません。大切な人への思いやりや優しさにもつながっていく取り組みだと思うんです。

例えば、障害を持っている方、妊娠中を表すバッジを付けているお腹の大きな女性、お年寄りが、自分が乗っている電車に乗ってきたときに、思わず「あっ、席を譲らなきゃ」って心が動くことと同じように、その心が動くキッカケを限られた人ではなく、全ての人に広げていくことが、この「日常での勝手に想像」という取り組みなのです。これは人生を豊かにするという取り組みにも繋がるものなので、まずは今度電車に乗ったときに是非チャレンジしてみてください。

2-10 幅広い業界向けに講演をしていますが、それぞれの業界の人の心に響く講演ができるのは何故でしょうか？

関連動画はこちら

https://youtu.be/5KWe0Lh4o_M

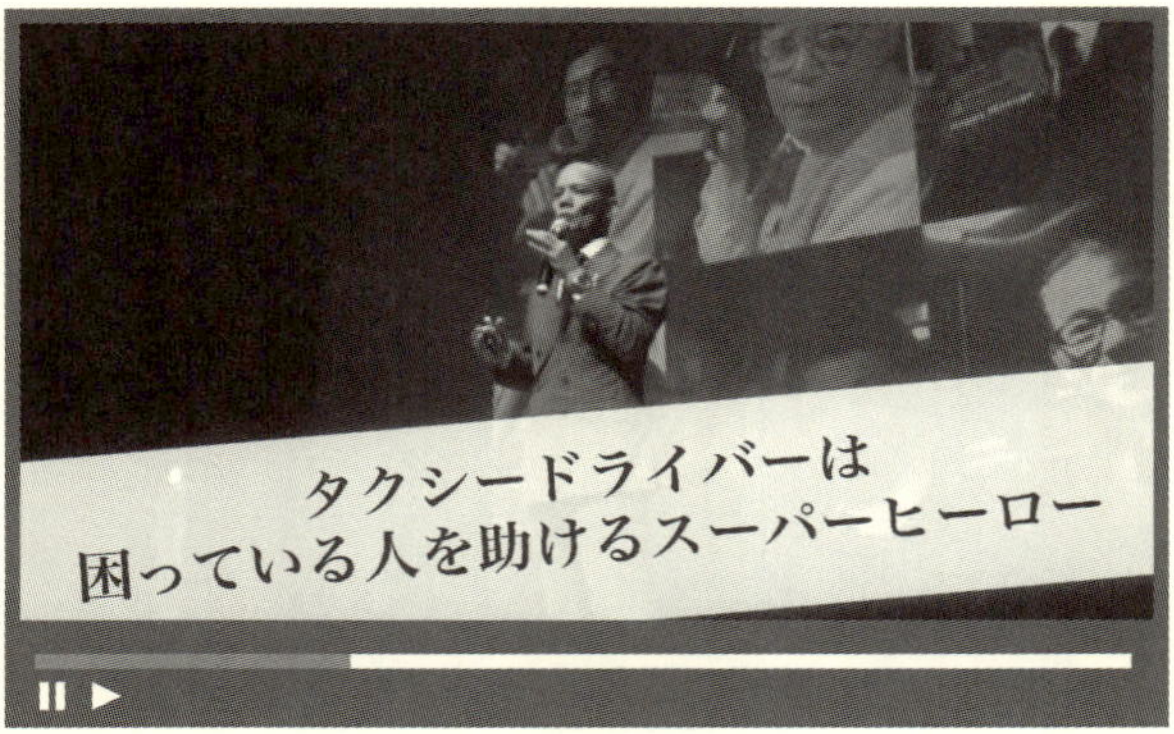

タクシードライバーは困っている人を助けるスーパーヒーロー

2-11 プロとアマチュアの違いって何でしょうか？

スピーチの世界において、プロとアマチュアには、明確な違いがあります。もちろん、アマチュアは「お金をもらわずに話している人」であり、プロは「お金をもらって話している人」と定義するのが一般的な考え方ではあるとは思います。けれども、僕が考えるプロとアマチュアの違いは「お金」ではなく**「役割」の違い**なんです。

アマチュアのスピーカーは、「自分が話したいこと」を話します。一方でプロのスピーカーは、「**聞き手が聞きたいこと**」を話します。もっと深く掘り下げると、「聞き手を目的地に連れて行くこと」をスピーチの定義として話している人のことを、プロのスピーカーと呼びます。

極端に言えば、アマチュアのスピーチ、つまり「自分が話したいことを話す」ということは、実際にはスピーチと呼ぶものではなく、多くの人の前でお喋りをするという行為にほかなりません。プロとしてスピーチの世界で生きていくためには、「自分が話したいことを話す」ということを卒業して、『聞き手が聞きたい話をして、聞き手を目的地に連れて行く』というステージに上っていく必要があります。

僕はありがたいことに、様々な業種の企業さんから講演依頼をいただいています。その企業さんは僕に講演依頼をするとき、いろいろな目的を持っています。例えば「社員をもっと元気にしてほしい」であったり、「社員が結果を残せるように導いてほしい」であったり、「社員同士のコミュニケーションの問題を解決してほしい」など、その依頼にはいろいろな目的があります。

僕はその期待に応えるために、あることを必ずやっています。それは、「本番前にその企業のトップの方と話す時間をいただく」ということです。なぜならば、その企業のトップの方が日頃から、「どんなメッセージを社員に伝えているのか」ということを聞いておくことが、プロとしての役割を果たすために重要な要素になるからです。

企業のトップ、主に社長さんと会話をすることで、日常社員さんたちが使っている言葉をその講演に出来る限り埋め込んだスピーチをすることができます。そして、社長さんの想いを聞いておくことで、全ての人が幸せになる講演をすることができるのです。

極端なことを言いましょう。僕の講演がとても素晴らしくて社員さんが感動し共感し、今日の内容を実践したいと思ったとしましょう。けれども、僕の講演の内容が、日常社長さんが言っている事と１８０度違うものだったら？　その講演会が終わった瞬間、僕は講演会を聞いた社員さんの中ではヒーローになることができます。社員さんもやる気に満ち溢れて活発に行動するようにはなるでしょう。けれども、会社の方針から外れた行動をとり続けるその社員さんたちは、決して幸せになることはないのです。どれだけモチベーションを高めることができたとしても、依頼をしてきた企業さんの目的を達成することはできないんです。

プロのスピーカーとしての僕の役割とは、僕の講演を聞いた後、その社員さんが社長さんの日ごろ言っていることを実現できるようになることです。社員さんが実績を積むことによって、その社員さん自身が会社に評価をされ、会社が組織として成果を残すことができ、本人の評価が上がったり、お客さまから支持されたり、企業のステージが上がるようになることです。

講演会は**講師がヒーローになる場ではありません**。聞き手がヒーローになる場であり、聞き手がヒーローになる手助けとなるスピーチを提供する場です。だから、「自分が話したいことを話す」ことはただのお喋り。アマチュアのスピーチです。プロのスピーチは、聞き手が聞きたいことを話して、聞き手を目的地に連れて行き、その結果聞き手を幸せに導くという「超キレイ事」を実現するスピーチなんです。

このことは、ついつい自分に酔いたくなる自分のことを意識しながら、僕も僕自身に言い聞かせながら、問い続けなければならない、プロとしての重要な問いかけなんだと思っています。これからプロとして活躍したい、もしくはプロレベルのスピーチを提供したいと思っている志の高いスピーカーの方は、自分に問いかけてみてください。

「今話そうとしていることは、聞き手が望んでいること？」
「この話を聞くことで、聞き手は幸せになれる？」

自分の言いたいことを話すのではなく、聞き手を目的地に連れて行き、幸せにするという、超キレイ事にトライしていきましょう。

▶ 関連動画はこちら

https://youtu.be/-eWBXwTAzJw

一目瞭然、プロとアマチュアの
話し方の違いとは？

第2章
講演会でよく聞かれる13の質問

2-12

ある講演会で、「用意していたことを話すのをやめます」と言って話し出す講師の方がいらっしゃいました。どういうときに話す内容を変えようと思うのですか?

講演会を行う時に、**準備していた内容と全く違う話をする**ということはよく起こります。どんな時に内容を変えるかというと、最も多いパターンは準備の時に想定していた聞き手と、実際の現場で目の前にした聞き手にズレが生じている場合です。

例えば、「中小企業の経営者に向けての講演をお願いします」と主催者から依頼を受けて講演会の会場に行くと、実は経営者は全体の3割で、残りの7割がその会社の社員さんだったという場合。経営者がよく使う言い回しなどの表現方法であったり、経営者ならではの考え方に合わせた内容であったり、経営者の悩みを解決するような

2-12 ある講演会で、「用意していたことを話すのをやめます」と言って話し出す講師の方がいらっしゃいました。どういうときに話す内容を変えようと思うのですか？

内容を準備していて、それをそのまま話してしまうと、社員さんは「自分には関係ない」と感じたり、「社長ってこんなこと考えてるの？」と誤解を生んでしまいかねません。

現場に行って初めて聞き手がどんな人かがわかり、その場にいる人に合わせた表現や内容に変えるということは、ある意味特別なことではなくて、よく起こることです。

僕には、忘れることのできないとっておきの恐怖体験があります。

「マクドナルドでの経験談を話してください」という依頼をいただいて講演会の会場に向かいました。２人の講師が講演をするというプログラムで、僕は後半のパートを担当することになっていました。前半の講師の方のお話を聞いている時、僕は今までにない違和感を感じていました。講演テーマは「縄文時代の食文化」。会場の中にいる人たちは9割が女性、残りの1割はパステルカラーのシャツを着ておしゃれ髭を生やした格好いい男性。普段、僕が講演会に呼ばれる時の客層とはまるで違う。「一体この会はどういう集まりなんだろう？」と思って、お客さまのテーブルに配られている配布資料を見せて貰った時に、背筋が凍るような思いをしました。

なんと、日本スローフード協会が主催する講演会だったんです。僕の講演テーマは

『人生で大切なことは、みんなマクドナルドで教わった』。スローフード協会の人たちの前で、ファーストフードのマクドナルドの話をしたらとんでもないことになるということは、容易に想像がつきました。「マクドナルドこそが日本の食文化を変えてしまった張本人」と捉える人も、もしかしたら会場の中にいるのではないかと想像したとき、これはただ事ではないぞと冷や汗をかいたことを今でも覚えています。

前の講師の方の話が終わり、僕が話す順番になった時、準備していた内容を綺麗さっぱり捨て去って、僕はこんなオープニングトークをしました。

『皆さんこんにちは！　僕は、日本一の〝マック馬鹿〟です!!　マック馬鹿とは、マクドナルドが大好き過ぎて、1日24時間、1年365日、マクドナルドのことを考えている時が一番幸せという人。マクドナルドを愛しすぎて止まない人のことを〝マック馬鹿〟と言います。

でも僕は、マクドナルドのハンバーガーやポテトが好きだったわけじゃないんです。ここだけの話、僕は休みの日にハンバーガーを食べに行くときは、〝モス派〟なんです（笑）。

2-12 ある講演会で、「用意していたことを話すのをやめます」と言って話し出す講師の方がいらっしゃいました。どういうときに話す内容を変えようと思うのですか？

じゃあなんでそんな僕が、自分のことを日本一の〝マック馬鹿〟と言って、生き生きと働き続けることができたのか。それは、僕がアルバイト時代に出会った、ある社員さんの一言がきっかけでした。その社員さんは、僕にこう言いました。

「いいか鴨頭。俺たちマクドナルドの社員の仕事は、ハンバーガーを作ることなんかじゃない。俺たちの仕事は〈人〉を作る仕事なんだ。

マクドナルドでは、1年間に約4万人のアルバイトが新しく働き始める。その4万人のアルバイトの中のほとんどが高校生。初めてアルバイトをする場所で、もしも間違ったことを覚えてしまったら、その子は将来不幸になってしまう。初めて働いて、初めてお給料をもらった時に、

〈お金をもらって働くことの意義と、その責任とはどんなものなのか〉

〈組織で働く時に、大切なのはどんなことなのか〉

〈チームで目標達成する喜びは、どれだけ大きな感動を生むのか〉

学校では決して学べないことを教えて、マクドナルドを卒業した後に社会に送り出す。それが俺たちマクドナルドの社員の仕事だ。だからマクドナルドは、人を育て、

人を作ることで社会に貢献する。それこそが俺たちの仕事なんだ」

僕はその言葉を聞いた瞬間、衝撃を受けました。そして、「僕もマクドナルドという会社を通じて、人を育て、人を作り、人を社会に送り出すという仕事がしたい！」そう思ってマクドナルドに入社してから25年間、とにかく人作りに対して全力で取り組み、時には思い悩み、それを乗り越えてきました。

「人が成長するということはどういうことなのか」

「人を育てる時に変えなければならないものは何であるのか」

たくさんの気付きや学びを得て、何物にも代えがたい体験をし続けてきました。今日はこの会場にお集まりの全ての方に、人の成長、そして組織の成長に役立つ情報を全力でお届けします。どうぞよろしくお願いします』

こんなオープニングトークで講演会を始めました。僕が気を付けたことはただ一点。「この講師の話は、**自分に関係のある話だ**」と聞き手に意識付けをして、自分が話す内容と聞き手をつなぐ架け橋をかけるということです。

2-12 ある講演会で、「用意していたことを話すのをやめます」と言って話し出す講師の方がいらっしゃいました。どういうときに話す内容を変えようと思うのですか？

準備の段階では、聞き手はどんな人なのか、年齢や性別、職場での役割や悩みを想定してスピーチを作ります。そして、現場でいざ聞き手の前に立った時、実際に準備していた想定と、実際に目の前にいる人とのズレを瞬時に察知する。そしてズレがあるならば、その場で話を作り変えて聞き手にメッセージを届けるということが、話し手の果たすべき役割であり、講演家としての僕の使命であるということを、数多くの講演会を通じて感じてきました。皆さんもスピーチをする時には、準備した時と、実際に話す時にはズレがあることを前提に準備をするという考え方を知っておいてほしいと思います。

▶関連動画はこちら

https://youtu.be/3IDV0Mwrowc

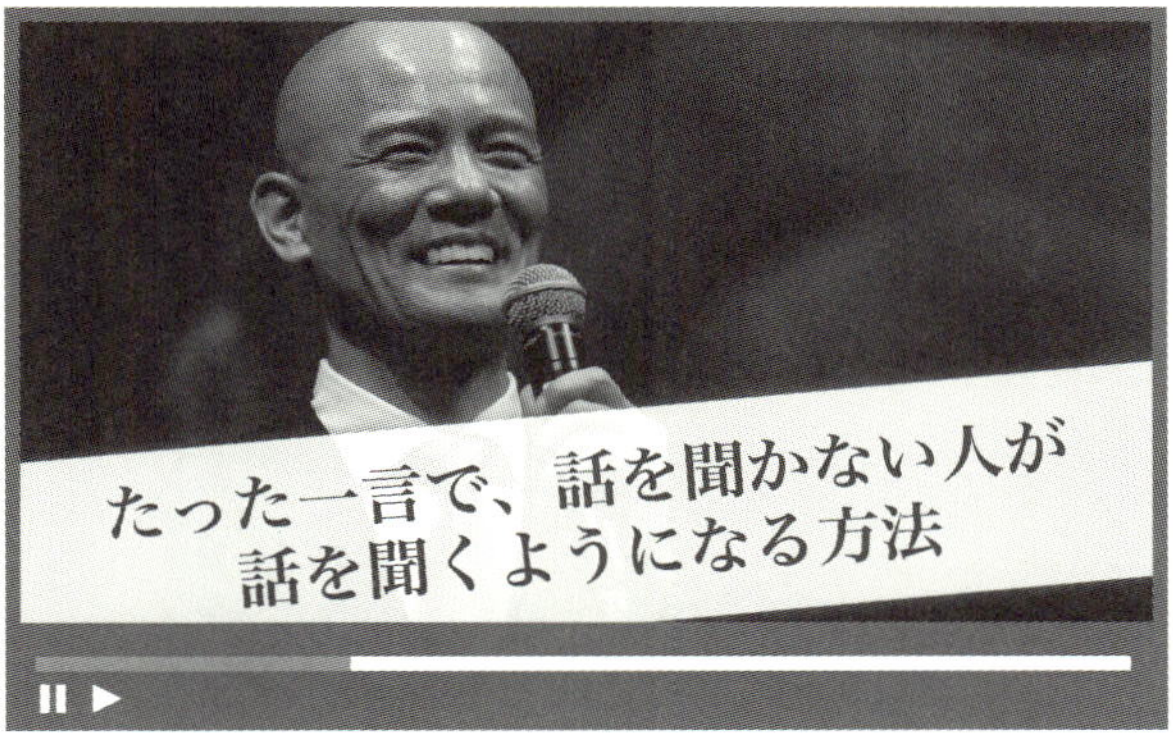

たった一言で、話を聞かない人が話を聞くようになる方法

2-13

自分でセミナーを開催するとき、どんな質問が来るかわからないＱ＆Ａの時間が、実は怖くて仕方ありません。何かコツはありますか？

Ｑ＆Ａはライブなので、**事前準備ができません**。だから、不安に思ったり、時には恐怖を感じることはよくあることだと思います。実際にプロの講師であっても、事前準備のできないＱ＆Ａに対して不安を抱えている方はたくさんいます。

でも僕は、Ｑ＆Ａは大好きで、講演会の中で最も興奮する時間でもあります。なぜならば、Ｑ＆Ａはまさに『その講師が日常どのように物事を捉え、考えているのか』が最も問われる時間だからです。

Q&Aをより効果的なものにするためには、まずは「質問してくれた方に敬意を持つこと」が一番大切です。僕はいつも感じています。講演会が終わって、司会者の人が「講師に何か質問がありますか?」と聞いた時に、最初に手を挙げる人が、**どれだけ勇気を振り絞って手を挙げてくれているか**ということを。誰もが一人目になることへの不安や怖れを持っていると思います。そんな中、勇気を持って手を挙げてくれただけで僕は心が動くんです。そして、質問があるということは、『講師の話に感動して、講師に対して興味を持ってくれている』という証です。「きっとこの講師であれば、自分の今後についてプラスの情報を提供してくれる」とその方が信じているからこそ、勇気を持って手を挙げてくれているのです。

だからこそ、その質問者の勇気と自分に向けられた期待を心で感じることが一番大切です。投げかけられた質問にちゃんと答えられるかどうかというよりも、まずは質問者の想いを受け止める。それが僕はQ&Aに向けての大切な心構えだと思っています。そして、質問してくれたことに対して回答する時の注意ポイントは、大きく分けて3つあります。

2-13 自分でセミナーを開催するとき、どんな質問が来るかわからないQ&Aの時間が、実は怖くて仕方ありません。何かコツはありますか？

まず1つ目は、「質問してくれた内容を**取り違えてはいけない**」ということです。

時々、僕もセミナーを受けに行くことがあって、Q&Aのときに、そのセミナー講師が質問の意図を取り違えて答えてしまっている場面を目にすることがあります。客観的に聞いている会場の人たちの多くがその講師の取り違いに気付いたとき、講師の信頼が一瞬にして崩れ去ってしまいます。これはとても残念なことです。たった1つの質問を取り違えただけで、それまで一生懸命話した講師の話の内容への信頼そのものがなくなってしまうからです。でも、解決方法があります。それは、いただいた質問に対して答える前に、こんな言葉を口にすることです。

「○○さん、質問してくださってありがとうございます。今聞かれた内容は私には××と捉えられましたが、あっているかどうか確認してもよろしいでしょうか？」

そうやって丁寧に伝え、**質問の内容を一度講師である自分が言葉にする**んです。もしも内容に誤りがあれば、質問を言い直してくれますし、あっていれば「その質問であっています」と確認ができ、見当違いな答えをするリスクを回避できます。

「こんなにまどろっこしいことをしなければいけないの？」という声が聞こえてきそうですね。でも、必要なんです。それは、**質問者はプロの講師ではない**からです。自分の中に浮かんだ疑問を、誰にでもわかりやすく正確に言葉にすることは、そんなに簡単なことではないんです。なんだかモヤモヤしていることを聞く時には、頭の中が整理されていない状態です。当然ですよね、整理されていないから質問するんです。そんな中で発言しているので、**質問者の疑問と質問の言葉にズレが生じる**ことは、よく起こります。

だからこそ、「質問者が言葉にしている言葉と質問者が感じている疑問にはズレがある可能性がある」ということを前提に、一度質問を自分で言葉にしてから答える。これが１つ目のポイントになります。

２つ目は、「知ったかぶりをしないこと」です。質問の内容に対して明確な答えがない場合、特にその答えを自分は知らない場合には、知ったかぶりをせずに、**「わからない」と答える勇気**が必要です。講演会の場では、講師の専門外の質問が投げかけられることもあります。そんな時に、なんでも知っていなければならないと勝手に自

2-13 自分でセミナーを開催するとき、どんな質問が来るかわからないQ&Aの時間が、実は怖くて仕方ありません。何かコツはありますか？

分で決めつけて、知ったかぶりをして答えようとしてしまったり、浅い知識のまま答えてしまうと、一気に信頼を失うことにもなりかねません。そんな時は、正直に「私はその分野の専門家ではないので、わかりません」と言うことによって、かえって信頼が高まることもあります。

僕の場合は、自分の専門領域である人材育成やスピーチについての質問であれば、ほぼ何でも答えられる自信がありますが、政治学や心理学について質問をされても聞き手が満足する回答をすることはきっとできません。明確な答えがわからない場合には、「わからない」と素直に伝えるという選択肢があるということを覚えておいて下さい。もちろん、自分の専門分野であれば可能な限り答えられるという日頃の勉強・情報収集には努力し続けるということは前提で、専門分野でない質問に関しては「専門分野じゃないのでわからないです」と正直に言う。1人の人間としての勇気を持つということを忘れないでほしいと思います。

3つ目は、「質問者と知識で競わない」ということです。講演会やセミナーで質問してくれる人の中には、講師を試そうと思って質問をする方も時々いらっしゃいます。

そんな時には、そのことを察知して、決して戦わないことが得策です。実際に僕は、マクドナルドで得た学びをテーマとした講演会のQ＆Aのときに、こんな質問を受けたことがあります。

「今日の講演会、素晴らしかったです。鴨頭さんはかなり心理学についても深い造詣を持たれていると感じました。ちなみに、心理学には、ユングなどの『分析心理学』、アドラー、マズロー、ロジャーズなどの『人間性心理学』という、2つの相反する概念を提唱している心理学があると思います。鴨頭さんはどちらの心理学が実用的で、正しい心理学だと捉えていらっしゃいますか」

僕はその質問を受けた時、こう答えました。

「○○さん、僕は心理学については○○さんのように深く学んだことがありません。今までどれだけ○○さんが人の心について、時間をかけ、深く学んできたかということが今の質問だけでもよくわかりました。素晴らしいと思います。僕はそこまで深い知識がないので、○○さんの質問に答えることはできませんが、きっとこの会場にい

2-13 自分でセミナーを開催するとき、どんな質問が来るかわからないQ&Aの時間が、実は怖くて仕方ありません。何かコツはありますか？

る全ての方、そして僕自身も『○○さんの中にはきっとそれに対する答えがあるに違いない』と感じています。もしよろしければ、是非○○さんの唱えるその心理学についての捉え方と、我々が現場で実践できる心理学の使い方を教えていただけませんか。僕にとっても、今この会場にいる皆さんにとっても、ものすごく得になる、素晴らしい時間になると思うんです」

その瞬間でした。質問してくださった方の表情がパッと晴れやかになり、その方が学んできた心理学についての知見を伝えてくれました。もちろん、その方の講演会ではないので、その方ができるだけ短く話をまとめられるようにあいづちを打ち、話をコンパクトにまとめるという講師としてのサポートはしていきました。

あくまで知識を競い合うのではなく、「その方が本当に伝えたかったことが、きっと心に浮かんだんだな」という、質問者の**意図を汲み取る**ことができれば、きっとその質問者だけではなく、その会場にいる全ての方が今日の講演会に来てよかったと感じることができると思うんです。

質問をしてくれた人への敬意を持って、『質問の意図を取り違えてはいけない』『知ったかぶりをしてはいけない』『質問者と競い合ってはいけない』この3つを心にとめてQ&Aに臨んでほしいと思います。

2-13 自分でセミナーを開催するとき、どんな質問が来るかわからないQ&Aの時間が、実は怖くて仕方ありません。何かコツはありますか？

▶関連動画はこちら

https://youtu.be/Ja8B7N1hMH8

鴨頭嘉人のQ&A

「部下が失敗したら承認する？ 叱る？」

第3章

プロの講演家が語る！
伝わる話し方の
3つの極意

第3章
プロの講演家が語る！伝わる話し方の3つの極意

3-1

面白くない話が一番学べる！〜『聞き力』が『話す力』を伸ばす

「スピーチ力を伸ばすためには、どんなことに取り組めばよいか」ということを考えましょう。講演会や朝礼や結婚式のスピーチなど、実際に人前で話す時にだけ意識を高めてスピーチ力を伸ばそうと思っても、なかなか成長できません。なぜならば、プロでもない限り人前で話す機会はそれほど多くはないからです。では、どんな時にスピーチ力、もしくはスピーチのコンテンツを生み出す力を身につければよいのでしょうか。

それは、「**人の話を聞いている時**」なんです。自分がスピーチをする時にだけスピーチ力を磨く人と、自分がスピーチをする時だけでなく、誰かの話を聞いている時にスピーチ力を磨く努力をしている人では、スピーチ力を磨く実践をする機会の多さに圧倒的に差が出ます。僕はこの「スピーチを聞く時に、学ぶ」というトレーニング方法を全ての人にオススメします。

では、どのような聞き方をすれば、スピーチ力を高めることができるのでしょうか？漫然と話を聞いていたのでは、当然スピーチ力は高まりません。具体的に取り組むべき、〝聞き方のステップ〟があるのです。スピーチ力を高める聞き方のステップは、大きく分けて2種類あります。

1種類目は、良いスピーチを聞いた時の聞き方です。これには2つのステップがあります。

ステップ1は『**心で聞く**』ということです。「すごく面白い」「驚いた」「感動して涙が溢れそうだ」など、自分の心の動きに敏感になり、自分の心の動きを感じることがステップ１の聞き方です。ところが、ここで終わらせてしまっては、これまでの聞き方と変わらない場合が多いです。自分のスピーチ力を伸ばすための聞き方には、ステップ２をプラスする必要があるんです。

ステップ２は『**心が動いた理由を分析する**』ということです。「あ～、この話いいな！」と心が動いた時に、「なぜその話が面白いと感じたのか」「その話のどの部分に感動したのか」など、良いと感じた理由を分析するんです。例えば、

「エピソードそのものが自分の人生と重なったから感動した」

「知っている話だが、まとめ方が非常に上手だから心に響いた」

「話し手の情熱が言葉以上に伝わってきたから感動した」

など、自分の感動ポイントを分析していきます。「心で聞く」というステップ１と「頭で分析をする」というステップ２の段階を踏むことで、自分が話す側にまわった時に、分析したものを技術として使えるように変わっていきます。

２種類目は、面白くない話を聞いた時の聞き方です。実はこの、「**面白くない話を**

聞いた時に、自分のスピーチ力を高める」ということが最も効果的な方法なんです。正直に言うと僕は、いい話を聞いたとき感動したり興奮したりしていますが、つまらない話を聞いているとき、それ以上に興奮しています！ それは、良いスピーチを聞いている時よりも、圧倒的に**自分のスピーチ力を高めることができる**からです。

良いスピーチを聞くときには2ステップの聞き方をして学びますが、面白くない話を聞くときにはもう1段高いレベル、3ステップの聞き方があるのです。

ステップ1、2は、良いスピーチを聞いたときと同様です。まずは、その話がつまらないなと**心で感じ**、なぜ面白くないのかを**分析**します。例えば、

「自分には関係のない話だから心が動かないんだな」

「自分には理解できない言葉が多く使われているから、聞くことに疲れてしまって面白くないと感じるんだな」

「話し手の表情や態度に違和感があって、言葉以外の余計な部分に気を取られて、メッセージを受け取ることができない」

など、なぜつまらないと感じてしまうのか、なぜ聞くことを諦めそうになってしま

うのかというポイントを分析します。聞き手は、「話が面白くないな」と思った瞬間に、続きを聞かなくなってしまいます。自分が話すときには、面白くない話を反面教師にして、「つまらなくなる要因を真似しない」という選択肢を取りましょう。そしてステップ3に進みます。

ステップ3は、『**自分だったらどう話すかを考える**』というものです。例えば僕は、「この人の伝え方もったいないな〜」というスピーチを聞いている時に、ものすごく忙しく原稿を書いています。その人の話を聞きながら、どうやったらその話が面白くなるのかをその場で考えて、その場でスピーチを作り換えているんです。

例えば、わかりにくい表現をしていれば、「どんな表現を使えばわかりやすく変わるのか」を書いていたり、その人の例え話が伝えたいことと繋がっていない時には、「どんな例え話を使えば、効果的に伝えることができるのか？」を書いていたり、その人の言葉以外の身体表現を「どんな表現にすれば、誤解や嫌悪感を持たれずに伝えることができるのか？」をメモしています。僕は面白くないスピーチを聞いている時は、素晴らしいスピーチを聞いている時の約3倍の量のメモをとっていて、自分のスピーチ力が高まっていることを感じています。そして僕は、あまり伝えることが上手でないスピーカーに、感謝してしまっているのです。

面白い話、上手な話を聞いている時よりも、多くのことを学ぶことができるのは、面白くない話を聞いている時なんです。考えてみてください。自分より上手に伝える人のスピーチの質を高めることって、可能でしょうか。実際には不可能に近いことだと思うんです。だからこそ、自分より伝えるのがまだ上手でない人のスピーチをもっと良くすることを考えて、あまり上手くないスピーチに出合ったら自分のアンテナを立てて感度を上げましょう。

心で聞いて頭で分析し、自分だったらどう話すかを考えてスピーチをその場で作るという【3ステップ聞き】にチャレンジしてみてほしいんです。はっきり言って、メチャクチャ疲れます。けれどもそれは、あなたのスピーチ脳がフル回転しているという証なんです。そして、どんなスピーチを聞いても「成長」「感謝」を感じることができて、あなたのスピーチ力が格段に高まっていきます。

是非、これからはこの『いい話は2ステップ聞き』『面白くない話は3ステップ聞き』という選択肢を自分の中に取り入れてみてください。

●面白い話と面白くない話の対比

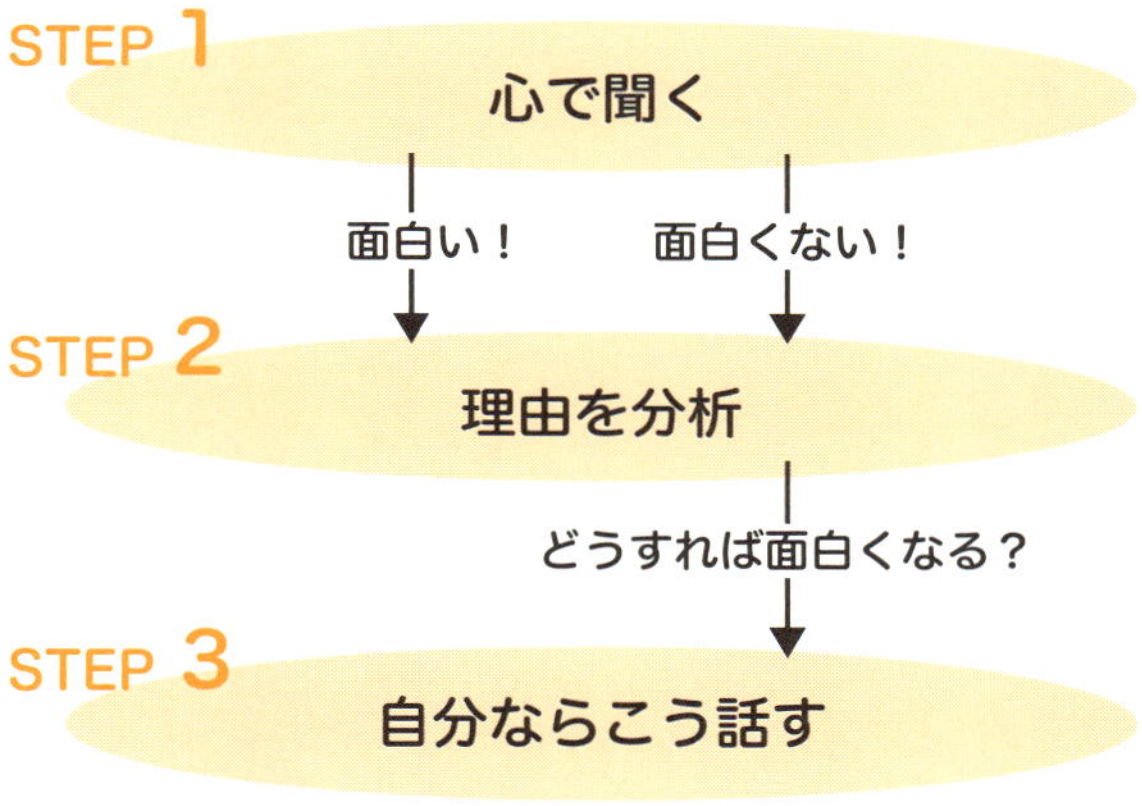

▶関連動画はこちら

https://youtu.be/suP86T8UqHc

【聴き力＝話す力】

話し方の学校のスゴい講義

第3章
プロの講演家が語る！伝わる話し方の3つの極意

3-2 大した事のない話こそがいい話！〜衝撃的な話をするのはプロ失格

僕は話し方の学校で、多くの生徒さんに、「人前で話すこととは、**聞き手にプレゼントを渡すこと**」ということを教えています。スピーチする時には、自分が話したいことを話してはいけないんです。聞き手の思考が変わり、行動が変わり、人生が変わる。そんなプレゼントを渡すことが、スピーチをすること。つまり、「**話すことはプレゼント**」というポリシーを持って、スピーチ力を身につけてもらうということを、話し方の学校では最も大切にしています。

けれども、「話すことはプレゼント」ということの重要さをわかっていても、多くの方が間違いがちなポイントがあります。それは、〝すごい話〟をしようとしてしまうことです。例えば、自分の人生で最も衝撃的だった出来事をスピーチの題材にするということです。気持ちはよくわかります。〝自分〟にとって、衝撃的だったからです。でもそれは、〝聞き手〟にとって衝撃的な出来事ではありません。そして、衝撃的な出来事というのは、多くの人に当てはまり、多くの人に教訓を与える出来事とは限らないんです。例えば、こんなスピーチを聞いたらどう感じるでしょうか。

「私は今まで8回ガンになりました。医者からはもう治らないとも言われたんです。でも私は今、こうして生きています。病院でもらった薬は全部ゴミ箱に捨て、抗がん剤の治療も拒否し、心のエネルギーだけで乗り越えてきました。人間は心の力で、ガンすら克服することができる。私はそんな体験を8回もしてきたんです」

その人の意思の強さや、その時支えてくれた家族や友人の温かさを感じることによって、その講演を聞いた時には感動できるでしょう。涙を流し、心がキレイになるでしょう。でも、その講演を聞いて家に帰った時、私たちは一体何をすればいいんでしょう。次の日目が覚めたとき、どんなアクションをとればいいんでしょうか。もちろん、聞き力が非常に高い人であれば、その方の体験から、

「会社で何か新しい取り組みはできないかな」

「家庭で一体どんなことに取り組めるんだろうか」

と自分事に話を転換しながら、価値を見出すこともできるでしょう。でも、非常に聞き手に負荷のかかる、聞き手の聞き力が問われるスピーチではないでしょうか。


では、講演会で聞いたスピーチが、聞き手が**日常使えるプレゼント**が込められていたものだったらどうでしょう。実際に、話し方の学校の生徒さんがこんなスピーチをしてくれました。

『私、〝イラチ〟なんです。あっ、関西ではすぐイライラする人のことを、〝イラチ〟って言うんです。でも私は、このイラチな性格のせいで、職場でも損をしてきました。私は営業の仕事をしています。部下を持つようになり、部下の育成をしてチームの

営業成績を上げるというのが、今の私の仕事です。でも、部下が結果を残せなかった時、私がアドバイスしたことにすぐに取り組まなかった時に、私はすぐにイライラしてしまい、部下を責めてしまいます。自分でもイライラして部下を責めてしまった後、「あ〜、またやっちゃったな」と毎度毎度反省していますが、どうしてもこのイラチな性格を変えることができず、なかなかチームの成績を上げられないという日々を過ごしていました。

そんなある日、「イライラしがちな性格を変える方法」というセミナーに参加した時に、衝撃が走ったんです。

「イライラする性格を治すには、〝待つ〟という体験を積むことが大切なんです」

講師の方が教えてくれたその言葉を聞いて、「これだ！」と思い、私は実際に、〝待つ〟という取り組みをしてみようとトライし始めたんです。私が日常での実践の場として選んだのは「エレベーター」。

私はイラチなので、エレベーターに乗った時、行き先階のボタンを押した次の瞬間、閉めるボタンを連打してしまう癖がありました。でも私は、〝待つ〟という訓練をすると決めたので、エレベーターの閉めるボタンを押さないで〝待つ〟ということに取り組み始めたんです。

最初は違和感がありました。閉めるボタンに手がかかり、「あっ、押しちゃダメ押しちゃダメ」と、自分に言い聞かせる毎日を過ごしていました。取り組み始めて新しい面白さにも気付きました。例えば、日本のエレベーターで最もシェアの高いメーカーは三菱です。三菱製のエレベーターは行き先階のボタンを押してから、閉めるボタンを押さないで扉が閉まるまでの時間が3・5秒。2位の日立のエレベーターは4秒。メーカーによって時間が違うんです。そんなことに喜びを感じられるようになると、エレベーターのボタンを押さないで〝待つ〟ということを面白がれるようになってきました。

そして、エレベーターの閉めるボタンを押さずに〝待つ〟という訓練に取り組み始めて、約2ヶ月が経ったある日、職場で変化が起こり始めました。私、部下の行動が変わるのを待てるようになっていたんです。すると部下は、自ら考えて自ら行動をし、結果を残し、なんと私のチームの成績が会社のトップになっていたんです。

私が取り組んだのは、たったひとつ。エレベーターの閉めるボタンを押さないで〝待つ〟ということ。このたったひとつの、ほんの些細な〝待つ〟という訓練によって、私の〝待つ〟が部下の成長を〝待つ〟ということに繋がり、部下の成長とチームの業績アップという大きな結果に結びつくという体験をすることができました。

私はこれからも、このイラチな性格を直すために日常の中で〝待つ〟というチャンスがどこにあるかを探しながら、毎日ワクワク楽しく過ごしていきます。

皆さんの克服したいことは何ですか？

チャレンジする日常の取り組みは何でしょうか？』

僕はこのスピーチを聞いた時に、「なんて持って帰りやすいプレゼントなんだろう」と感激して、生徒さんから素直に学ばせてもらいました。初めてデートをした時、男性からのプレゼントが100本のバラだったら、初デートの女性はどんな風に感じるでしょうか。初デートの時の女性からのプレゼントが、手編みのマフラーだったら男性はどんな風に感じるでしょう。大きすぎるプレゼントは、もらう方としては少し困ってしまうかもしれませんよね。

「話すことはプレゼント」

そのことは間違いがありませんが、この**持ち帰りやすいサイズのプレゼント**こそが、本当に聞き手のことを考えたプレゼントではないでしょうか。〝すごい話〟ではなく、〝普通サイズの話〟を聞き手にプレゼントする。是非、最も聞き手にとって価値あるプレゼントをスピーチにして、メッセージを届けてみてください。

関連動画はこちら

https://youtu.be/TY5wGbEh0PI

人前でうまく話すには、○○しないこと

3-3

心の動きを伝達する！ ～『内なる感情』をコントロールして共感を得る

感情表現には〝マトリックス〟があるということを発見しました。感情にはプラスとマイナスの２つがあるというものが、多くの人が持っている概念だと思います。例えばプラスの感情とは、「感謝」「喜び」「幸せ」などであり、マイナスの感情とは、「怒り」「悲しみ」などであり、いままではプラスとマイナスの２つに分けられると考えられていました。

ところが、プラスとマイナスとは別に、感情には「外」と「内」という概念もあるんです。例えば、「喜び」は〝プラスの外〟の表現になります。「嬉しい!!」「やったー!!」と満面の笑みで、声を大きくして感情を表現しますよね。それに対して「感謝」は同じプラスであっても、〝内〟の表現になるんです。「感謝してる!!」ではなく「あぁ、本当にありがたい」「あの人に出会わなかったら、今の僕はありません」という内側から溢れかえる表現方法になるんです。マイナス側で外表現は「怒り」や「悲しみ」、内表現は「憤り」や「悔しさ」が挙げられます。

●感情デリバリー・マトリックス

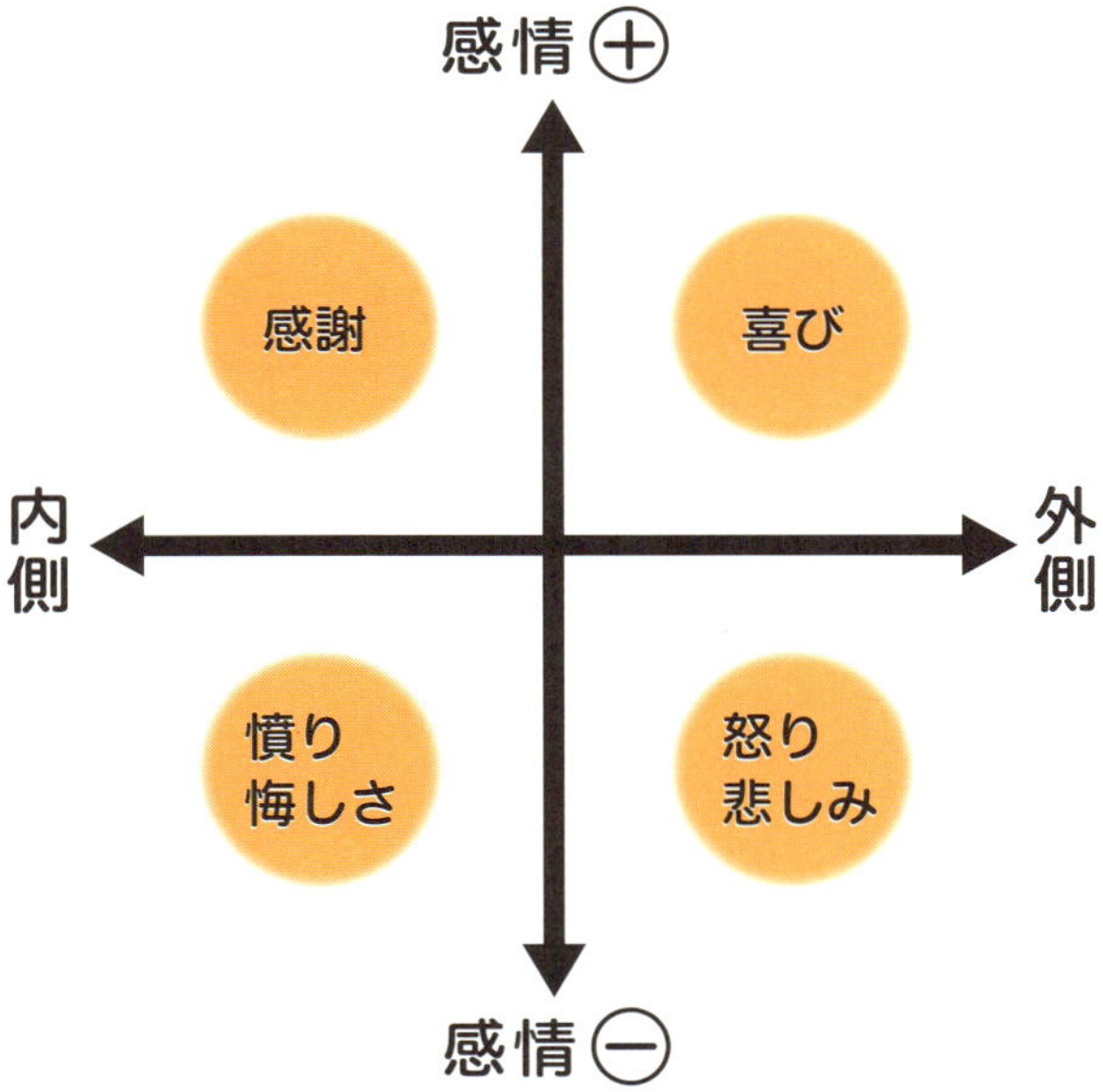

僕のスピーチでは、一見〝プラスの外〟表現を多く使っているように見られがちですが、実は一番多く使っているのは、〝マイナスの内〟表現です。確かに〝プラスの外〟表現はよく使っていますが、一番強いメッセージの部分は〝マイナスの内〟表現を使っています。例えば、僕は講演会でこんなエピソードをよく話します。

『ある時、池袋でゴミ拾いの仕事をしているお兄さんを見かけて、「なんて素晴らしい仕事をしているんだ！」と思ってHappy Mileageカードを渡したことがありました。でもカードを渡した瞬間、彼は僕にこう言いました。

「は？　バカにしてるんですか？　ゴミ拾いなんて最低な仕事ですよ」

僕は声を荒らげて言いました。

「そんなはずはない！　今日、君がいなかったら池袋の街はゴミだらけじゃないか。

君が街を作ってるんじゃないか!!」

そう熱く伝えている内に、やっと彼は自分の仕事の価値を認められるようになって、2ショットの写真を撮ることができました。

彼は、何年間もこの仕事を続けてきた。あってはいけないことだと思う。こんなに素晴らしい仕事をしているのに、

「俺は最低の仕事をしている」

そう思い続けてきたんです。彼のような人が世の中にたくさんいるんです。だから大人が、「疲れた」という言葉ばかりを口にして、子どもたちがそれを聞いて、「大人になりたくない。働きたくない」ってそう思っている。この世の中を変えなければ。僕はそれを達成するまでは、死ねない』

この時の僕の感情は「憤り」。決して〝マイナスの外〟の「怒り」ではなく、〝マイ

ナスの内〃の「憤り」なんです。僕のラストメッセージは、〃マイナスの内〃表現で聞き手に届けています。多くの人は、〃プラス〃表現が「伝わるメッセージ」だと思っています。確かにエネルギーが大きいのは〃プラス〃表現。けれども、共感を得られるスピーチは、話し手の中から湧き出てくる〃マイナス〃表現なんです。

そして、一つ覚えておいて欲しいことがあります。〃マイナスの外〃表現には〃聞き手がものすごく疲れる〃というリスクがあります。一方で、怒りや悲しみといった、心の中で消化できない不要物を外に吐き出すことで話し手の心は軽くなります。話し手としては気分がよくなるために話したい、けれども聞き手は吐き出された不要物を味わうことになるので辛くなるんです。

〃マイナスの外〃表現を使ってはいけないということではありません。使う時は、その大きさに気をつける必要があるんです。共感を得るスピーチの要素としてよく言われることに、「自己開示」があります。自分の過去の辛い体験を包み隠すことなく正直に話すこと。話し手の本当の姿が見えて、マイナスを受け入れ、乗り越えて今があるという事実に共感し、感動が生まれます。その時には覚えておいてください。自己開示を〝マイナスの外〟表現で行うと、聞き手は辛くなります。話を聞いたその瞬間は涙を流して感動するでしょう。でも、もう一度聞きたいとは思わないんです。家に帰ってふと振り返ると、辛くて心が重く苦しくなってしまうんです。自己開示する時は〝マイナスの内〟表現で伝えましょう。

スピーチにおいてエピソードを話す時、共感を得るためには、〝マイナスの内〟表現を使う。そして、スピーチ全体に４つの表現をちりばめることによって、メリハリのある豊かなスピーチとなって、聞き手に届きます。感情はコントロールすると聞き手へのプレゼントになります。感情をコントロールせずに吐露すると、聞き手に大きな負担をかける危険があります。是非この**感情デリバリー・マトリックス**を意識して、立体感のある魅力的なスピーチを作ってみてください。

関連動画はこちら

https://youtu.be/UjZ094YvaT4

もっと人を動かす講師になれる

スピーチの極意『感情デリバリーマトリックス』

おわりに

『スピーチが世界を作っている』

僕はこう思っています。私たち人間は周りの環境に影響を受けやすい動物です。そして、今現在の私たちは、その中でも〝情報〟に最も影響を受けています。例えば、テレビをつけると「子どもが親を殺した」というニュースが頻繁に流れてきます。チャンネルを変えても、時間が経っても何度も何度も繰り返し同じニュースが流れている。何度も何度もその情報を目にしていると、「世の中は今、こんなに歪んでしまったんだ。荒んだ世の中に生きているんだ」と感じるようになります。それは、私たちは〝情報〟によって時代の流れを感じて、〝情報〟によって思考が作られているからです。

では実際に、今の世の中、親を殺している子ども達がどれだけいるのでしょうか。ニュースで流されている姿が、本当の世の中の姿でしょうか？　実際には、親孝行している子ども達の方が圧倒的に多いのではないでしょうか。これは紛れもない事実です。でも、実際に世の中で私たちが耳にし、目にしている情報は、歪んでいると言わざるを得ません。では、この歪んだ情報をどうやって真実の姿に変えることができるのでしょうか。それには、たったひとつの方法しかないんです。それは、

『全ての人が、人前で話せるようになること』

私たちは人前で話をする時、「良い話」をしようとします。仲間と一緒にお酒を飲む時、会社の不満や上司の悪口を口にすることはあっても、次の日の朝、朝礼で昨日の飲み屋の話をする人はいません。朝礼では、「同僚や後輩たちが、少しでも明るく元気でいい仕事をするための情報提供をしよう」と思って、「良い話」をプレゼントします。

私たちが望んでいることは、「人に良い情報を渡すこと」だと思うんです。朝礼で良い話をするのは、「同僚や後輩たちに、良い情報を渡したい」と思っているからだ

と思うんです。仮に、自分のことをよく見せたいと思っていたとしても、良い情報を渡しているという事実は変わりません。その人の周りが、会社全体が良くなっていくと思うんです。みんながみんな良い情報を渡せるようになったら、みんながみんな自分の想いを伝えられるようになったら、世の中はどんどんよくなるって思うんです。

だからこそ僕は、「全ての人が人前で話す」という行動を選択してほしい。そう思って、全ての人が「スピーチは怖い」から「スピーチは楽しい」に変わってもらうキッカケをこの世の中にばら撒くために、この本を執筆させていただきました。

僕は話し方の学校で、スピーチに悩む人たちがどんどん変わっていく姿を見てきました。自分の想いを言葉にするのが怖いという状態から、

「スピーチは楽しい」

「もっともっと多くの人に良い情報をプレゼントしたい」

と劇的な変化を遂げていく姿を見続けてきました。

おわりに

私たち人間は本来、**話をしたくて仕方がない動物**です。動物は常に、自分が最も求めている姿を追い求め、進化を続けてきました。例えば、暗い海の底で生活をしてきたチョウチンアンコウは、この暗闇に少しでも明かりが欲しいと思い、自らの体を進化させて、光を灯すことのできる体を作り上げることができました。自分の子どもたちを外敵から守りながら、高い木の葉や実を食べたいと思ったキリンさんは、首を長く伸ばし、その姿を進化させてきました。では、私たち人間はどのような進化を遂げてきたのでしょうか。それは「**言葉を使い、誰かに想いを伝える**」ということ。人間は、言葉を使い、想いを届けるという進化をした、この地球上で唯一の動物なんです。

つまり、私たち人間の本質は「**伝えたい**」、そのことに尽きると僕は思っています。だからこそ、この「**伝える**」という人間が本来、求めて求めて止まなかった**本質的な願望**を満たすことができれば、私たちは幸せになれる。そう信じています。

だからこそ僕は、日本人の95%がスピーチに苦手意識を持っているという現在の状況を何とかしてひっくり返すために、より一層真剣に行動し続けます。私たちの人生は、常に言葉によって作られ言葉によって変わってきました。明るく前向きで元気になれる言葉に出合った時に、私たちの心は明るく前向きで元気になれる。否定的な言葉に出合った時に、私たちの心のエネルギーは下がり、行動できなくなる。だからこそ、多くの人が本当に求めている想いを、「言葉」という人間だけが手にすることができた最高のツールに乗せて、多くの人に届けるということを誰もがチャレンジできる。そんなキッカケを、これからも提供し続けていきます。

僕にとってこの本は、手に取っていただいた方に、「世界はスピーチで作られている」というメッセージを届けるための初めの1冊になりました。この本を手にし、最後まで読んでいただいたことに、心から感謝します。そして、この本の中から、「これに取り組んでみよう」と思ったところから、勇気を出して一歩踏み出していただけることを、心から願っています。

私たちは子どもの頃、いつもこう言っていました。「ママ聞いて。パパ聞いて」と。

おわりに

私たちは**伝えたくて仕方がない動物**なんです。その本来の姿から目を背けず、子どもの頃、伝えたいという「想い」と伝えようとする「行動」が一致していた時のように、前向きにスピーチに取り組んでみてもらいたい。それがこの本に込めた僕の想いです。

今回、この本を作るにあたって力を貸していただいた全ての方に心から感謝します。また、この本を手に取ってくれたあなたと、そしてこれから行動に移してくれるあなたに心から感謝し、ペンを置きたいと思います。

最後になりましたが、今回の出版にあたりサポートをしていただいたサンクチュアリ出版の鶴巻社長、津川美羽さん、石川亮さん、小林容美さん、かも出版の木本健一さん、下田正太郎さん。皆様の支えがあってこの本は誕生しました。本当にありがとうございました。心より御礼申し上げます。

鴨頭 嘉人

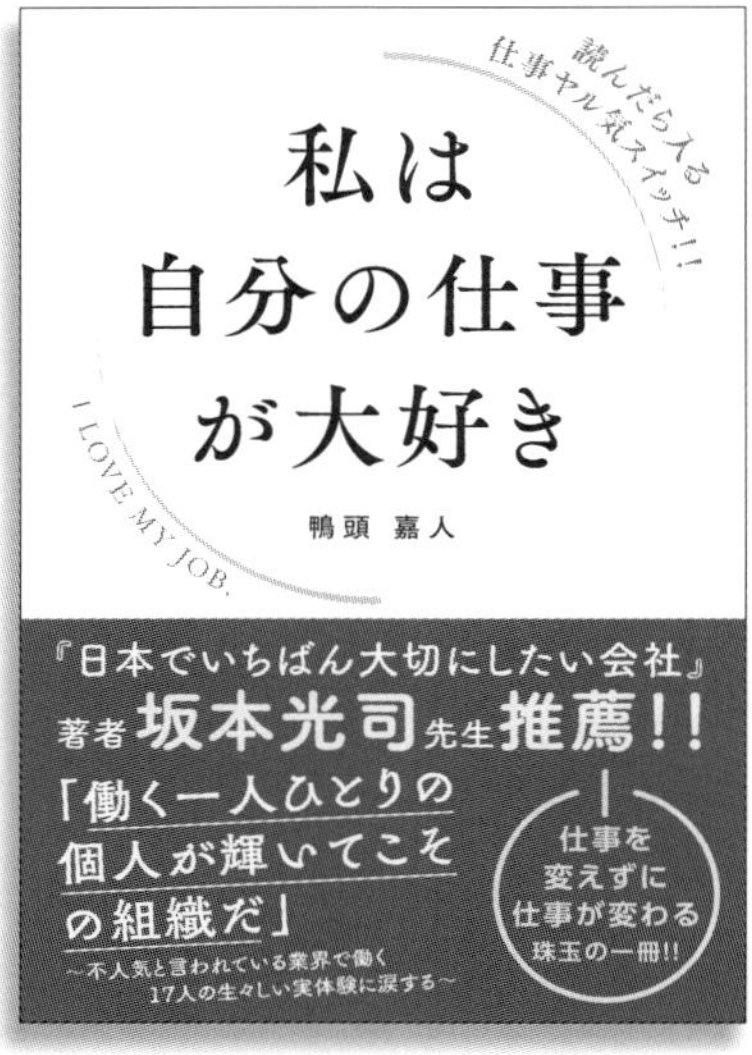

発行　かも出版
発売　サンクチュアリ出版
定価　本体 1500 円＋税
頁数　200P
ISBN　978-4-86113-406-7

私は自分の仕事が大好き

著：鴨頭 嘉人

子ども達が早く大人になって働きたいと思える社会を創る！

“価値のある仕事”なんて存在しません！

どんな仕事をするかが大切なんじゃない。

自分の仕事の価値を見つけて、自分の仕事に誇りを持って、自分の仕事を大好きになろう！

一人でも多くの人に「仕事が大好き」というメッセージを受け取ってもらうために！

多くの人が自分の仕事の価値に気付くために！

そして、今の仕事を好きになった理由を、「仕事が大好き」というメッセージを、一人でも多くの人に届けるためにこの本を作りました。

日本唯一！

話すのが苦痛…から「楽しい」に変わる！

話し方の学校

話し方の学校

「話し方の学校」
QR コード

今まで誰も教えてくれなかった

人前で話す極意

～年間330講演 プロの講演家が語るスピーチのコツ

2017年 5 月15日 初版発行
2018年 8 月23日 第6刷発行

著 者　　　鴨頭 嘉人

デザイン　　小山 悠太

発行者　鴨頭 嘉人

発行所　かも出版
〒170-0013　東京都豊島区東池袋3-2-4 共永ビル7階
電　話：03-6912-8383　FAX：03-6745-9418
e-mail：info@kamogashira.com
ウェブサイト：http://kamogashira.com/

発売　サンクチュアリ出版
〒113-0023　東京都文京区向丘2-14-9
電話：03-5834-2507　FAX：03-5834-2508

印刷・製本　株式会社 シナノパブリッシングプレス

ISBN978-4-86113-407-4